Maïtie Trélaün

Stella
et
le cercle des femmes

Rituel de passage d'une adolescente

Le Souffle d'Or

5 allée du Torrent - 05000 Gap (France)

www.souffledor.fr

Illustration couverture : www.shambuka.com - Sandrine Bouet
Photocomposition : A' Prim / Fouras (17)
Impression et façonnage : Louis-Jean / Gap (05)
Imprimé sur papier Munken à partir d'encres végétales

Dépôt légal : juin 2011
ISBN 978 2 84058 417 9

Le Souffle d'Or
5 allée du Torrent - 05000 Gap (France)
Tél. 04.92.65.52.24
www.souffledor.fr

à Ambre et à Juliette

Remerciements

À Jade Maillet (10 ans), Mathilde Colson (16 ans), Nina Folie (18 ans), Marie-Christine Vernay et Fabien Roussel pour leur lecture attentive, leurs remarques judicieuses et leurs encouragements.

À ma mère pour sa présence et son accompagnement lors de ma puberté.

À toutes les femmes qui m'ont confié leurs blessures et leurs larmes liées à la mémoire douloureuse de ce passage : leurs larmes ont arrosé en moi la graine de ce livre lui permettant de prendre racine et de fleurir.

L'étoile du Berger

« Bonjour Stella, bienvenue Demoiselle. Prends le temps de te retourner et de dire au revoir à ce monde car tu ne seras plus la même lorsque tu y reviendras. »

Stella distingue dans la pénombre du soleil couchant, la silhouette claire qui l'accueille ainsi. Elle rappelle à Stella les femmes chamanes d'Amérique du Nord. Mais à vrai dire, la fillette a la gorge nouée, elle ne sait pas ce qui l'attend et ces paroles ne la rassurent guère. Depuis quelques jours, une bascule s'est faite en elle. Sa maman lui en avait vaguement parlé : « *Lorsque ce jour arrivera Stella, tu monteras seule sur la colline des femmes ; tu y passeras la nuit et vivras ce que l'on appelle une initiation. Je ne peux t'en dire davantage, si ce n'est que tu n'as rien à craindre. D'ailleurs, si je n'étais pas en confiance, je ne te proposerais pas d'y aller.* »

Stella se retourne : elle est arrivée en haut d'une colline dégagée qui lui offre un paysage grandiose. L'astre du jour, tel un disque d'or scintillant, embrase le ciel. Les couleurs ondoient comme autant de flammes crépitantes affirmant leurs contrastes en combats sanguinaires. Les rayons du soleil ricochent sur les nuages épars, les éclaboussant d'or. Une silhouette blanche étire ses ailes éphémères au-dessus du brasier incandescent : elle danse en épousant le vent, cherchant en vain à échapper aux flammes qui lèchent sa robe y déposant de larges trainées rouge orangé. Elle s'étire, se déforme et se transforme en autant de petites touches pourpres qui coulent dans le ciel comme des gouttes de sang : mémoire du jour agonisant. L'obscurité engloutit la vallée, qui s'accroche à la vie en projetant vers le ciel les lumières de ses réverbères : minuscules lucioles perdues dans l'univers racontant le relief aux marins en détresse. Stella y reconnaît son village : petite barque fragile !

La dernière pointe de soleil disparaît derrière la colline. « Au revoir soleil, pense Stella, bon voyage dans le royaume des ombres et à demain. » Depuis qu'elle est toute petite, elle ne peut empêcher son cœur de se serrer lorsque le soleil se couche... Et s'il ne revenait plus ?

« La première étoile s'éclaire, la connais-tu ? » questionne la femme.

Stella la cherche. Ses yeux distinguent le petit point lumineux qui veille dans la clarté du ciel vert orangé.

« C'est l'étoile du Berger ? hasarde-t-elle timidement.

– Tu as raison, c'est bien elle. Regarde-la bien, car elle te rappellera toute ta vie ce que tu vas vivre cette nuit. C'est comme si elle était porteuse de toutes nos transitions, ces périodes qui nous font passer d'un avant à un après différent. C'est l'étoile qui a guidé les Rois Mages et les Bergers à la crèche. Elle guide les pèlerins comme elle te guidera, si tu le souhaites. Maintenant, retourne-toi : ce qui se prépare est un moment important pour nous les femmes. »

La chamane pose ses mains sur les épaules de Stella : la puissance des serres du condor avec des pattes de velours. Telle Alice, la fillette se sent rapetisser à ce contact : et si le condor l'emportait à tire d'ailes ? Petit point, elle disparaîtrait dans le ciel hurlant.

Le silence des oiseaux n'en est que plus criant : qu'attendent-ils ? Stella, telle une chouette, écarquille les yeux et les roule dans la nuit : que doit-elle voir ? Tout à coup, le monstre boisé entrouvre un œil luisant perçant de sa blancheur laiteuse l'obscure étoilée. Stella plonge en apnée dans l'œil du cyclope qui se déforme, s'étire, se fait arc, s'enfle et se dilate : le disque majestueux de la pleine Lune se lève triomphalement dans le ciel. Il est énorme et se détache de la terre comme un ballon. Au loin le rossignol chante.

« Les nuits de pleine Lune, elle se lève juste après que le soleil se soit couché. L'un cède la place à l'autre. La Lune est notre astre, mystérieux et cyclique comme nous. Durant notre vie, nous sommes faites pour cheminer vers l'énergie du Soleil qui est plutôt l'astre des hommes. Eux naissent souvent chargés de cette énergie rayonnante du Soleil et évoluent vers celle de la Lune. C'est ainsi qu'idéalement, l'homme et la femme peuvent se rencontrer, nourris de l'énergie de ces deux grands astres du ciel. Viens, rentrons maintenant. La Lune va briller pour toi cette nuit. »

Le Thé des Femmes

« Sois la bienvenue dans le cercle des Femmes Lune. »

Stella quitte la fraîcheur de la nuit et pénètre dans la yourte. Quelques flammes rieuses dansent dans le poêle rayonnant une douce chaleur ; elles accueillent de leurs bras familiers la fillette intimidée. Le feu a toujours été son ami.

« Viens, prends place parmi nous. Assieds-toi à côté de moi. »

Stella s'assied sur un coussin rond et ferme qui l'attend à ses pieds. Elle se pose sur un bout de fesse, ne sachant pas trop quoi faire de ses jambes de peur de toucher ses voisines. Elle se sent gauche.

« On me nomme Mawani, continue la femme. Je suis la doyenne de ce cercle... Je suis comme le fruit mûr qui se détache de l'arbre, se laisse accueillir par la Terre, pour se concentrer sur l'essentiel : son noyau et l'arbre qu'il contient. Toi, tu es comme la fleur, dont le vent, par ses caresses, a détaché un à un les pétales d'innocence, dévoilant son pistil lourd de la promesse du fruit qu'il deviendra. »

Stella ne comprend pas très bien cette image ; elle est surprise par la façon dont parle Mawani. Il lui semble qu'aucun mot n'est dit au hasard. Elle a l'impression qu'elle s'adresse davantage à son cœur qu'à sa tête. Ce n'est donc pas grave si sa tête ne comprend pas. C'est inhabituel ! Cela lui rappelle certaines poésies.

Le ton de la voix de Mawani, calme et posé, la détend peu à peu. Son regard se hasarde sur les alentours. Il s'enhardit à aller à la rencontre des visages qui sont là, silencieux, attentifs à sa présence. Des femmes, uniquement des femmes. Certaines qu'elle connaît déjà arborent un sourire complice, comme lorsque l'on partage un secret ; de celles qu'elle ne connaît pas émane une douceur qui la caresse avec amour. Toutes la regardent et l'accueillent.

« Ce qui va se passer ce soir dans cette yourte, restera entre nous : ce sera notre secret. On ne raconte pas ce qui se dit dans le cercle des Femmes Lune ; cela protège notre intimité et permet à chacune d'ouvrir son cœur en toute confiance.

Comme toi, il y a 46 ans, je me suis réveillée un matin, comme tous les matins du monde. Je suis allée aux toilettes et une tache rouge ornait le papier rose qui venait de m'essuyer. Mon cœur s'est arrêté de battre le temps d'un instant. Ce matin-là n'était plus comme tous les matins du monde. Il était différent car j'étais différente : cette tache m'affirmait que mon corps n'était plus celui d'une petite fille.

Je venais de faire un bon en avant, je me sentais appartenir à une multitude : c'était la multitude des femmes, le cercle immense des Femmes Lune.

En allant au collège, je souriais, je pensais que tout le monde voyait que j'étais différente... Pourtant rien ne semblait avoir changé. Il y a juste Rex, le chien loup, couché comme chaque matin devant la porte de la Villa Rosa, qui m'a saluée : il s'est levé, m'a flairée, a poussé un petit jappement et m'a regardée m'éloigner avec son regard espiègle. Merci Rex de m'avoir distinguée.

En fait, c'était mon monde intérieur qui gardait le mystère de cette métamorphose bien caché dans mon jardin secret. Ce jour qui me semblait si important, que j'attendais et redoutais à la fois, était arrivé... et c'est comme si personne n'y prêtait attention. Ma mère m'avait juste embrassée un peu plus fort que d'habitude en poussant un soupir, sans rien dire. Je n'ai jamais su quand et comment mon père l'a appris. C'était tellement décalé avec ce qui se passait dans mon corps, dans ma tête, dans mon cœur. C'est comme si j'avais grandi sans que personne ne s'en rende compte, comme si j'étais devenue un papillon que personne ne voit. Pour eux, j'étais encore une chrysalide.

C'est ce qui m'a amenée, des années plus tard à proposer aux jeunes filles ce que tu vas vivre ce soir. Allez, fêtons cet événement à sa juste grandeur ! »

Mawani prend la vieille théière en cuivre qui chante près du feu, approche un plateau sur lequel des petits verres attendent patiemment. Le silence accueille le chant du verre qui semble rire aux éclats en avalant la cascade de liquide parfumé. La femme sage les emplit un à un, répétant le même geste avec la régularité du maître du temps. Puis elle en prend un et le dépose devant la femme qui est à sa droite ; celle-ci le prend et le passe à celle qui est à sa droite, qui le prend et le passe à celle qui est à sa droite... Une danse silencieuse, savamment orchestrée par un maître invisible, emporte les verres de mains en mains à la cadence d'un métronome. Si bien que lorsque le premier verre arrive à Stella, chaque femme a un verre, même Mawani qui place le plateau hors du cercle. Chacune prend son verre et boit une gorgée. La saveur douce s'épanouit en un bouquet fleuri dans le palais de Stella.

« Le thé des Femmes. Il contient la puissance de la racine du gingembre, la résistance de l'écorce de cannelle, la délicatesse des pétales de rose et d'angélique et le mystère de la graine de cumin. »

Stella boit à petites gorgées. Elle ne sait pas si elle doit tout boire ou pas, si elle peut reposer son verre ou pas. Elle attend et regarde autour d'elle. En fait, il ne semble pas y avoir de règle car chacune va à son rythme. Alors elle pose son verre devant elle. Une saveur épicée imprègne sa gorge, pleine de la rudesse du bois, de l'âcre de la tourbe. Stella aurait bien ajouté une larme de miel !

La constellation des nénuphars

Mawani se lève, prend un cierge et se tourne vers une sorte d'autel placé derrière elle. Une sculpture rustique en terre cuite s'y trouve. Elle représente cinq personnes se tenant par les épaules, encerclant la flamme d'une bougie. Mawani y plonge son cierge qui emporte avec lui une preuve étincelante de son baiser fugace. Elle retourne s'asseoir, allume une veilleuse au centre d'une sorte de petit nénuphar violet devant elle, puis elle passe le cierge à sa voisine de droite qui fait de même avec un nénuphar pourpre qui est également devant elle. Stella n'avait pas remarqué que devant chaque femme, se trouvait un nénuphar. Ils s'éclairent petit à petit, dessinant la constellation des Femmes Lune avec un nuancier de couleurs aussi riche et varié que les femmes présentes. Stella qui se détend de plus en plus, prend le temps de les dévisager : les images défilent dans sa tête. Tous les âges compris entre elle et Mawani semblent représentés ; tous les styles aussi. Il y a les *cool* (voire les *baba*), les plus classiques, les très mondaines, les *fatiguées-*

qui-n'ont-pas-eu-le-temps-de-penser-à-elles, les *comme-les-autres*, les *camouflées-sous-un-châle*, les garçons manqués, les pomponnées, les naturelles, les brunes, les blondes, les rousses, les noires, une japonaise, une femme voilée, les décolletés, les cols roulés, les jupes, les jeans, les sarouels, les cheveux courts, les cheveux longs, les chignons, les queues de cheval, les tresses ... Tiens, pas de couettes !

Stella tourne la tête et s'enhardit à regarder Mawani. Elle est de stature assez carrée avec de larges épaules, une poitrine généreuse : c'est une femme Nature. Elle respire l'enracinement et la force des arbres. Ses pieds arqués parlent des chemins qu'ils ont foulés durant des années : on y sent l'empreinte de la terre. Ses vêtements écrus la parent simplement, accompagnant librement ses mouvements gracieux. Une figurine en or telle une femme serpent enroulée sur un cordon de cuir, orne sa gorge bronzée. Sa peau mate, légèrement parcheminée, croustille comme un pain doré. Ses cheveux blancs, coupés courts, laissent échapper une fine tresse qui coule de sa nuque jusqu'au milieu de son dos, trahissant le souvenir d'une puissante crinière. Son visage crépite de rides joyeuses qui irisent le coin de ses yeux. Ils sont d'un bleu profond éclairé de quelques pépites d'or. Lorsqu'elle croise son regard, Stella a l'impression d'être mise à nue et de plonger dans un océan sans fond, un océan qui l'accueille comme elle est et l'enveloppe d'amour et de tendresse.

Mawani est entièrement présente à tout ce qu'elle fait : quand elle allume son nénuphar par exemple, c'est comme si rien d'autre n'existait en dehors de ce geste et comme si rien n'était plus important. C'est pour cela que personne ne parle. Ce n'est pas un silence demandé, imposé, ni même un silence gêné. C'est un silence libre parce que l'espace est tellement plein de l'instant qu'il n'y a plus de place pour les mots. C'est un silence bleu pacifique dans lequel il fait bon se baigner.

De même, lorsque Mawani s'adresse à quelqu'un, rien n'est plus important que ce quelqu'un...

Le cierge arrive à Stella. Son cœur se met à battre la chamade. Elle sent que tous les yeux sont tournés vers elle... Et si elle n'arrivait pas à allumer sa bougie ? Et si la cire coulait sur le tapis ? Et si elle se brûlait les doigts ou les cheveux ? Et si la flamme du cierge s'éteignait ? Une voix la harcèle dans sa tête : « Ne joue pas avec les bougies, tu vas en mettre de partout ! ». Elle reconnait sa mère. Stella tente de la faire taire. Elle se concentre sur le cierge qu'elle prend et saisit son nénuphar. Ses mains tremblent, augmentant son malaise qui l'entraîne dans un tourbillon de panique.

« Ne te précipite pas Stella ! » lance Mawani. Ces simples mots repêchent Stella au bord de la noyade. La fillette sort la tête de l'eau et s'accroche aux lèvres de la femme.

« C'est important que tu comprennes pourquoi tu fais ce geste afin que ce ne soit pas un geste machinal, poursuit celle-ci.

Ce nénuphar a dix pétales, représentant les dix facettes de la femme. La flamme symbolise l'étincelle de vie qui brûle à l'intérieur de nous. Lorsque nous l'allumons, nous nous engageons à prendre particulièrement soin de nous et du Féminin en nous ; nous ouvrons un espace hors de notre quotidien. Nous veillerons donc à l'éteindre avant de quitter cet espace. Cette veilleuse *veille* aussi sur nous. Elle éclaire les dix pétales du nénuphar, de même au cours de ta vie, tu auras à éclairer et réveiller chacune de ces facettes de la femme : l'amante, la sage, la guérisseuse, la mère, la sœur, la spirituelle, la femme sociale, la femme nature, la solitaire et enfin la créative. Au cœur de la fleur, habite la femme sauvage vigilante : elle nous rappelle à l'ordre lorsque nous nous éloignons de nous-mêmes (parfois par une maladie, un accident ou toute autre chose qui nous oblige à nous poser, à changer de cap...).

Mais cela doit encore te sembler très abstrait. Prends le temps de respirer avant d'allumer ta bougie, tu as tout ton temps et tu n'as rien à craindre. »

Stella se concentre sur la flamme du cierge. Petit brin de femme, elle se laisse imprégner du rayonnement comme si elle baignait son visage dans cette lumière. Cette douce chaleur l'hypnotise et l'apaise.

La flamme danse, vacille, s'affole puis se pose, irradiant un calme puissant, vivante et palpitante. Stella a l'impression que cette flamme lui parle. Elle boit ses paroles qui réchauffent le creux de son ventre. Elle respire, son cœur s'est calmé, le silence l'habite. Elle penche le cierge à la rencontre de la veilleuse. Celle-ci hésite, goûte la flamme timidement, le cierge pleure une larme de cire, semblant encourager la veilleuse qui s'enhardit, embrasse la flamme et rayonne fièrement sa propre lumière. Stella trouve magique cet instant où la flamme de la veilleuse s'allume. Elle sourit. Son nénuphar pulse un dégradé orangé qui semble au diapason de son cœur. Elle regarde les pétales et s'amuse à imaginer pour chacun un visage différent : la rieuse, la pleureuse, la fronceuse de sourcils, la clown, la sage, la coquine, la charmeuse, la boudeuse, la rêveuse, la menteuse... La femme a bien plus de dix facettes !

Mawani se saisit du cierge que lui tend Stella ; elle l'éteint d'un geste bref de la main et le pose à côté d'elle. Souriante et maternelle, elle plonge son regard profond dans les yeux de la fillette en voie de métamorphose. Stella réalise qu'elle ne s'est jamais sentie autant quelqu'un qu'à ce moment-là, et, en plus, quelqu'un de qualité. Cela lui permet de prendre pleinement sa place dans le cercle. Mawani lui sourit, un de ces sourires dont on ne voit pas la provenance car tout y participe : les lèvres, les yeux, toutes les rides du visage, mais aussi le reste du corps et surtout le cœur.

De la Déesse-Mère à l'harmonie

« Les menstrues (le mot menstrues vient du mot *mois* qui lui-même venait du mot *Moon* ou Lune en anglais), les menstrues donc, rythment la vie de toutes les femmes du monde pendant environ 35 à 40 ans et ce, depuis la nuit des temps, précise Mawani.

Il y a bien longtemps, ce sang qui coulait du corps de la femme sans qu'elle soit blessée et surtout sans qu'elle en meure relevait du mystère. L'écoulement se faisait par périodes sans savoir ce qui le déclenchait et ce qui l'arrêtait. De plus, ce sang coulait d'un orifice obscur qui attirait l'homme et dans lequel il avait peur de se perdre, de se faire dévorer. Pourtant une force puissante l'amenait à y plonger son sexe et les sensations procurées lui faisaient perdre la tête. Ce qui n'était pas pour le rassurer. Parfois, le sang ne coulait plus pendant longtemps et cela faisait grossir le ventre. Et quand le ventre était si gros qu'il allait éclater, le corps de la femme était pris de violents spasmes qui libéraient de ses entrailles un bébé. C'était tout simplement de la magie ! L'homme vénérait et craignait la femme comme une déesse car elle créait la vie : c'était la Déesse-Mère. Elle régnait sur toute chose et sur tous les Hommes. Cela dura environ 20 000 ans, toute la Préhistoire.

Une autre chose était mystérieuse pour l'homme : c'était la Lune. Ce disque qui éclairait la nuit sans éblouir et qui changeait de forme chaque nuit, comme s'il se laissait manger jusqu'à disparaître puis renaissait petit à petit jusqu'à redevenir tout rond.

Ce disque lui rappelait la femme avec son ventre qui lui aussi devenait régulièrement tout rond quand il allait donner la vie. De plus, les femmes saignaient souvent lorsque la Lune avait disparu du ciel, lorsque la nuit était si noire. Aussi, attribua-t-il à la Lune des pouvoirs de fécondité, aussi bien sur les femmes que sur les animaux et les végétaux. Certains croyaient même que c'était lorsque la femme regardait la Lune ronde que la vie rentrait en elle et se transformait en bébé. La femme avait aussi les deux visages de la Lune : à la fois ange et démon, reine et sorcière, lumière et ténèbres.

Comme dans tous les règnes, la Déesse Mère a abusé de ses pouvoirs et de sa domination ; elle a fait des atrocités aux dépends de l'homme.

Et puis, un jour, l'homme réalisa que s'il n'allait jamais visiter avec son sexe l'orifice mystérieux d'une femme, celle-ci avait beau regarder la Lune ronde, la vie ne rentrait pas dans son ventre. Il comprit alors que la vie venait dans le ventre de la femme, non pas grâce à la Lune, mais grâce à l'éjaculation produite par son sexe. La femme n'était qu'un réceptacle qui permettait à l'homme de donner la vie sans avoir à en pâtir.

Cette découverte mit fin au culte de la Déesse Mère qui fut remplacé par celui du Dieu Soleil. À partir de ce jour, l'homme domina la femme qui devint sa servante. Lorsque la femme saignait, elle était rejetée, considérée comme impure. Elle ne devait pas regarder un homme, ni toucher sa nourriture car cela aurait pu mettre en danger la vie de l'homme. Souvent, elle se réfugiait alors dans la hutte des femmes (parfois intitulée *la tente rouge*[1]) destinée à cet usage, à l'écart du village.

En fait, cette période de rejet apportait un temps de repos à la femme : elle lâchait ses lourdes tâches quotidiennes ; on lui apportait sa nourriture ; elle prenait soin d'elle. Les femmes se retrouvaient entre elles, un peu comme nous ce soir, sauf que cela durait trois ou quatre jours. Elles en profitaient pour se masser, discuter : elles parlaient des choses des femmes ; c'est ainsi que les jeunes filles étaient éveillées à ce qui les attendaient : la sexualité, la maternité, le deuil, la vie de couple... C'était un temps de soutien entre femmes. »

1. *La tente rouge* de Anita Diamant, éditions Aubin Imprimeur (1995).

La yourte se tait ; seul le feu, indécent, ose défier le silence par son ronronnement.

« Si les femmes n'avaient pas souffert d'être considérées, bien souvent, comme impures, ce temps aurait été vraiment bénéfique pour elles, reprend Mawani. C'est sûrement la mémoire de cette impureté qui amène la femme à souffrir de ses règles que ce soit dans son corps ou dans sa tête. Elle les considère si souvent comme un désagrément, comme quelque chose de sale et de gênant. Ne dit-on pas qu'elle est *indisposée* ? Certaines croyances demeurent : si une femme fait une mayonnaise alors qu'elle a ses règles, la mayonnaise ne prendra pas, dit-on !

La femme était également rejetée, dès qu'elle exprimait sa nature créative ou son lien avec la nature ; on la disait *Sorcière*, on la pourchassait, la torturait et la brûlait vive : un des exemples est Jeanne d'Arc. Depuis le règne de la Déesse Mère, l'homme a peur de la femme lorsqu'elle exprime sa puissance, comme il a peur du mystère, de ce qui n'est pas palpable, pas scientifiquement démontrable et démontré… C'est encore vrai de nos jours même s'il n'en a pas conscience. Je généralise bien sûr, il y a des exceptions. Or il se trouve que la femme peut toucher cette puissance lorsqu'elle met son bébé au monde si on la laisse libre de suivre son instinct. C'est peut-être pour cela que le monde médical cherche à maîtriser ce passage imprévisible[1]. Mais tout cela m'éloigne de mon histoire.

Plus tard, la science a découvert que la fécondation (ce processus qui est à l'origine de la création d'un bébé) dépendait aussi bien de l'homme que de la femme. C'est depuis ce moment qu'on cherche à rétablir l'égalité des sexes que ce soit dans les lois, dans le travail, dans la société mais aussi dans le quotidien : l'homme participe au ménage et la femme participe au travail en dehors de chez elle. L'homme a même inventé des moyens de contraception qui suppriment le cycle de la femme et donc ses règles. La femme ne réalise pas qu'en perdant ses cycles, elle perd malheureusement une de ses spécificités. Hommes et femmes ne sont pas égaux mais complémentaires. C'est ce que nous avons à trouver aujourd'hui. Riches de notre spécificité nous pourrons accueillir l'autre dans sa complémentarité. Il n'y aura plus alors de rivalité, ni de domination... Enfin ! »

Mawani se tait, le temps de remettre du bois dans le poêle. Stella laisse défiler les images dans sa tête. Elle sent ce mystère qui enveloppe ses cellules d'un brin de magie. Une bonne fierté l'habite. Elle sent également la honte, tapie au creux de son ventre comme quelque chose que l'on cache sans pouvoir s'expliquer pourquoi. Des questions se bousculent : pourquoi toute cette souffrance, ces femmes brûlées vives sous prétexte d'être des

1. *J'accouche et j'ai peur de la douleur*, du même auteur.

sorcières donc de jouer avec le mystère ? Pourquoi cette lutte ? Pourquoi cette peur du mystère ? Pourquoi ? Mais elle se tait, pressentant que ce n'est pas le temps des questions. C'est comme si elle portait en elle toute la mémoire de l'histoire de la femme sans en comprendre le sens. Elle fait partie de cette histoire !

Les saisons de la Femme

« La femme est cyclique, reprend Mawani, cyclique comme la Lune, comme les saisons, comme le jour et la nuit, comme la vie et la mort... La roue tourne au rythme de ces cycles. Il est d'usage de considérer que le cycle de la Lune est de vingt huit jours. Certaines femmes sont encore *réglées* sur la Lune. Notre cycle comprend quatre phases : la phase préovulatoire (phase qui suit les menstrues) correspond à la Lune croissante ; celle de l'ovulation correspond à la pleine Lune ; la phase prémenstruelle correspond à la Lune décroissante et la menstruation à la phase de la nouvelle Lune appelée également Lune noire.

Le cycle va influencer la femme, que ce soit dans son corps, dans son cœur, dans sa tête et même dans son esprit. Les hommes connaissent bien cela puisqu'ils repèrent la période précédant les règles chez leurs compagnes alors particulièrement irritables. Mais il n'y a pas que cela..., sourit Mawani.

Pour moi, le cycle s'apparente aussi aux saisons : ce sont les saisons du corps. J'ai envie de vous en parler un peu plus.

La première phase correspond au printemps. Dans le secret du corps de la femme, la muqueuse qui tapisse l'intérieur de l'utérus multiplie son drapé accueillant. L'énergie déborde de la femme qui a du mal à contenir sa créativité : les projets en tout genre jaillissent audacieusement en une cavalcade sauvage et fougueuse. Tels des purs sangs arabes, les idées foisonnent ; la femme, crinière au vent, cambre ses reins à la vie, s'élance fiévreusement dans le monde ; elle trépigne, impatiente : telle une jeune fille amoureuse qui pétille de toutes ses cellules, elle appelle la rencontre. Elle ne tient pas en place, elle va de l'avant. Elle est comme l'Air emporté par les tourbillons de sa danse folle... Pour donner une autre image, je comparerais cette phase à la période qui précède le passage d'un examen. Cette période où tout est possible, où l'on engrange tout ce qu'on peut car on ne sait pas quelle sera la question.

La deuxième phase correspond à l'été. Elle a un goût de maturité. C'est la période de l'ovulation. Il arrive que la femme ressente la tension de l'ovaire juste avant l'expulsion de l'ovule. Elle peut ainsi savoir à quel moment elle ovule et avec quel ovaire. Durant quelques heures au moment de l'ovulation, un phénomène inhabituel et mal connu s'opère en elle : il se traduit par une chute du tonus musculaire, comme si toute son énergie était captée ailleurs. Ce serait intéressant, je pense, que les femmes éveillent leur sensibilité afin de percevoir de tels processus. Avec l'ovulation, le corps de la femme espère inconsciemment un bébé. C'est la mère nourricière, maternelle qui émerge : la fièvre s'est calmée en une mer paisible enveloppant la femme de ses bras accueillants. La femme s'y dépose, y plonge ses racines, se gorgeant de sève : bercée par les vagues, portée par cette puissance profonde de la mer, elle mûrit patiemment son projet. Elle n'a pas trop envie de sortir, elle préfère recevoir ; elle est dans l'ouverture à l'autre : c'est le moment de la rencontre. C'est le passage de l'examen, le moment où l'on a reçu le sujet de l'épreuve et où l'on se concentre avant de se lancer dans la rédaction.

La troisième phase appelle l'automne. Dans le corps de la femme, l'ovule chemine vers l'utérus. Durant ce voyage, qui dure cinq à sept jours, se joue quelque chose de crucial : un ovule ne vit que 24 heures, passé ce délai, soit il a été fécondé et il se transforme, soit il meurt ! C'est de nouveau une période active, pleine d'énergie... Mais ce n'est pas cette énergie verdoyante du printemps, c'est l'énergie des bourrasques d'automne faisant voler les feuilles dans tous les sens. C'est une énergie puissante, qui peut avoir la tension du désespoir. La femme tiraillée, devient irritable. On dit qu'*elle est à prendre avec des pincettes* : la moindre étincelle l'enflamme. Le doute l'habite. Le projet qu'elle porte va-t-il aboutir ? C'est la femme de 40 ans dont les enfants sont adolescents ; elle sent qu'ils vont partir et elle ne sait plus trop ce qu'elle va devenir. C'est un temps qu'elle espérait tant et que maintenant elle appréhende car c'est un temps ouvert pour qu'elle se crée. C'est l'énergie du Feu. C'est comme quand vous avez passé l'examen et que vous attendez les résultats.

La quatrième phase s'apparente à l'hiver : c'est la période des menstrues. L'ovule n'a pas été fécondé, il est mort ; tout ce qui a été préparé dans l'espoir d'accueillir la vie est désormais inutile et s'élimine. La femme est en deuil. Ce n'est pas le sang qui coule dans nos veines que nous évacuons pendant nos règles, c'est la muqueuse de notre utérus, riche d'éléments nutritifs et d'éléments propices à la germination qui s'évacue. Or, c'est dans notre sang que les cellules de la muqueuse trouvent les éléments indispensables à leur prolifération. Notre sang est composé en grande partie du produit de transformation de ce que nous mangeons et respirons. Nous mangeons et respirons les fruits de la Terre. C'est pour cela qu'il serait bien de rendre à la Terre ce que nous éliminons pendant les règles. C'est un juste retour des choses : elle nous nourrit et nous la nourrissons. Ce sang des menstrues est quelque chose de tellement riche et précieux pour la Vie... Il est sacré. Dans certaines traditions, les femmes médecines (guérisseuses) récupéraient précieusement les menstrues des femmes, qui, une fois séchées et incorporées à d'autres ingrédients devenaient un onguent riche en pouvoirs cicatrisants. »

Mawani se tait. Elle semble un peu triste. Stella la comprend, elle réalise que quelque part le cycle de la Vie n'est plus respecté.

Une femme d'une quarantaine d'années s'autorise à prendre la parole :

« Je m'appelle Karine. *La première fois que j'ai entendu dire que le sang qui coulait entre mes jambes, à chaque lune, était sacré, je me suis redressée, je me suis sentie plus digne d'être née Femme. J'ai réalisé que ce sang, ce don de vie n'avait rien à faire dans une poubelle. J'avais envie qu'il soit respecté*[1].

– Je m'appelle Louisa. Depuis plusieurs années j'utilise une cape menstruelle et je trouve cela très pratique et en plus économique. C'est une petite cupule que je place dans mon vagin pendant mes règles et quand je la vide, je récupère le sang que je mélange à la terre de mes plantes vertes. Ça leur profite bien mieux que tous les engrais du commerce que j'ai pu essayer[2].

– Je suis Annabelle, dit une jeune fille d'environ 25 ans. J'utilise des serviettes lavables aussi souvent que je peux. Quand elles sont imprégnées de mes règles, je les mets à tremper dans une cuvette avec de l'eau. J'en arrose mes plantes. Je trouve aussi qu'elles en sont heureuses.[2] »

---

1. Extrait de *Flouire et fleurir* de Karine Nivon dans la revue Rêve de Femmes N°15, été 2009.

2. Références en fin d'ouvrage.

Stella est intriguée. Elle n'avait jamais imaginé qu'on puisse accorder de l'attention au sang des règles et encore moins qu'on puisse chercher à le récupérer. Elle s'imagine avoir une fleur ou une plante verte dans sa chambre et discrètement la nourrir de ses menstrues. C'est comme si elle partageait un secret avec une plante. Admirer cette fleur, s'enivrer de son parfum, laisser pénétrer dans ses cellules cette saveur fruitée ; recueillir ce liquide précieux qui s'écoule de cette partie si intime et si mystérieuse d'elle, ce liquide emprunt de cette énergie créatrice féminine et l'offrir délicatement à la terre pour que la fleur y puise sa force et sa beauté. Accompagner cette plante dans les saisons, en échos des saisons de son corps de femme... Autant d'images de cercles vertueux entre la plante et la femme que Stella sent émerger en elle. Cette idée lui plaît ! Quelle fleur cela pourrait être ? Elle aimerait une fleur qui soit rouge ou plutôt une plante verte qui fasse des fleurs rouges, comme un rhododendron par exemple, pour qu'il y ait toujours quelque chose à nourrir dans le pot. Elle la demandera à sa mère en rentrant.

« La période des menstrues est un temps de repli, reprend Mawani, c'est un temps de deuil. C'est le creux de la vague, le vague à l'âme, une vague de larmes et parfois l'âme en larmes. La femme a moins d'énergie, elle n'a pas envie de faire des choses, de sortir, de voir du monde. Si elle pouvait rester sous sa couette et hiberner comme une marmotte, ce serait son rêve. Et ce serait si important qu'elle se l'autorise. Parfois son corps l'y amène de force par des douleurs violentes. Peut-être que si elle consentait à se donner ce temps de repos, son corps serait moins douloureux. Le plus beau cadeau qu'on puisse lui faire est de prendre soin d'elle en veillant à ne pas l'envahir afin qu'elle n'ait à se soucier de rien, si ce n'est à mettre les pieds sous la table pour se nourrir. Elle n'est pas disponible aux autres ; elle est centrée sur elle : elle fait le tri entre le passé et l'avenir. Elle fait le point : elle élimine ce qui est devenu inutile et le remet à la Terre ; elle rassemble ce qui va germer. Bien souvent, la femme l'interprète à tort comme de la déprime et tend à la combattre au lieu de l'accueillir et de s'y couler comme dans un bain chaud. Il est vrai qu'en accueillant cette baisse d'énergie, elle exprime sa vulnérabilité, elle accepte de demander à l'autre de s'occuper d'elle... C'est un aspect de la femme que nous avons du mal à accueillir. Pourtant, de la qualité de son repli à l'intérieur d'elle dépend la qualité de sa puissance. La puissance de la Femme va de pair avec sa vulnérabilité. J'associe cette période à l'élément Terre. On a été reçu à l'examen, mais ce n'est pas le tout : que faisons-nous maintenant ! »

Le temps des Lunes

« C'est tout cela le Temps des Lunes, le cycle de la femme. Chaque femme le décline à sa manière et je vous invite à le dessiner pour le connaître. Vous dessinez sur une feuille de papier une fleur avec autant de pétales que de jours dans votre cycle, un peu comme une rosace simple. Si votre cycle est irrégulier, vous dessinez un nombre de pétales correspondant à sa durée maximale. Vous pouvez les colorier pour distinguer chaque phase. Vous vous rendrez compte ainsi qu'on ne passe pas brusquement d'une phase à l'autre... sauf parfois avec l'arrivée des menstrues qui met fin à la troisième phase de façon assez précise. Si vous le souhaitez, vous pouvez numéroter vos pétales ou marquer la date du jour. Vous partirez dans le sens lunaire à savoir dans le sens contraire des aiguilles d'une montre.

– Je n'ai jamais compris cette histoire de sens de rotation lunaire, car la Lune tourne bien dans le même sens que le Soleil dans le ciel ? questionne Annabelle.

– La trajectoire de la Lune que nous voyons dans le ciel va effectivement dans le même sens que celle du Soleil. C'est la Terre qui tourne... donc nous avons l'impression que le Soleil, la Lune et les étoiles tournent dans le même sens. Mais si l'on regarde l'évolution du croissant de Lune : il va commencer à s'éclairer finement à droite puis augmentera petit à petit chaque jour jusqu'à la pleine Lune et diminuera pour s'éteindre sur la gauche. C'est donc dans le sens contraire des aiguilles d'une montre. C'est à contre Temps. »

Stella est contente de cette explication, car elle ne savait jamais comment reconnaître la Lune croissante et la Lune décroissante.

« Revenons à notre fleur, reprend Mawani. Chaque jour, sur chaque pétale, vous noterez comment vous vous sentez physiquement (est-ce que vous êtes en forme, fatiguée, malade ou douloureuse... ?), émotionnellement (plutôt gaie, triste, irritable, amoureuse...), mentalement (est-ce que vous avez des projets plein la tête, des idées concrètes, des doutes... ?), et, plus subtilement (peut-être vous souvenez-vous de vos rêves, que pressentez-vous, vous arrive-t-il d'avoir des visions... ?). Si vous faites cela sur quelques cycles, vous vous connaîtrez mieux et surtout vous pourrez anticiper. Par exemple, vous savez à l'avance à quelle période vous aurez envie de sortir et de voir du monde et à quelle période vous ne serez pas disponible à cela. Il peut être pratique aussi pour l'entourage de savoir qu'à telle période vous serez à prendre avec des pincettes.

– C'est amusant comme depuis que j'ai arrêté de prendre la pilule j'ai l'impression que ma vie est vivante, déclare Louisa. Avec la pilule, j'étais toujours d'humeur égale. Un état un peu mitigé qui amenait une certaine monotonie dans ma vie : le *train train* quotidien. Depuis que j'ai retrouvé mes cycles, je retrouve ces vagues de la vie qui sont parfois des montagnes russes d'ailleurs. Mais au moins je me sens vivante.

– Eh oui ! soupire Mawani. La pilule arrête ce cycle précieux. Elle bloque l'ovulation. Il arrive parfois chez certaines femmes qui ont pris la pilule sur une longue durée, que le cycle ne se remette pas en route et que l'ovaire ait des difficultés à libérer son ovule. C'est pour cela que, quand on décide de prendre la pilule, il est bon de l'arrêter régulièrement pour retrouver ses cycles.

– Pourquoi est-ce que le stérilet supprime les règles ? demande une autre femme.

– C'est un véritable cours de contraception que vous me demandez ! Il y a deux sortes de stérilets, celui au cuivre qui respecte le cycle et préserve les menstrues et celui aux hormones qui va supprimer petit à petit la muqueuse utérine qui ne peut donc plus s'éliminer : la femme n'a plus ses règles. Il arrive souvent qu'il bloque également l'ovulation. Ma question est : quand la femme souhaitera un enfant, quelle sera la qualité de la muqueuse utérine ? Bien des complications de la grossesse sont liées à une mauvaise qualité d'échanges entre la maman et le bébé ; ces échanges dépendent en grande partie de la qualité de *l'enracinement* de l'œuf dans la muqueuse au moment où il arrive dans l'utérus, donc de la qualité de celle-ci. Quelle sera la qualité d'une muqueuse qui n'existe plus depuis des mois et parfois des années ? Il est important d'y penser car la difficulté des échanges entre la mère et l'enfant dans l'utérus entraîne bien souvent une naissance prématurée (soit naturellement, soit provoquée par le corps médical car le bébé ne grandit plus assez et se met en péril). Les conséquences d'une naissance prématurée sont lourdes pour un enfant, même si la technique permet aujourd'hui qu'il s'en sorte physiquement... mais à quel prix psychologiquement et énergétiquement ! Nous ne mesurons malheureusement pas toujours la conséquence de nos actes. »

Le silence revient dans le cercle. Stella sent qu'il n'est pas aussi paisible que les précédents. Elle a l'impression d'entendre le vacarme des pensées dans la tête de chacune des femmes. Ça l'amuse. Elle ne pense vraiment pas à la contraception... Elle n'en est pas là !

Mawani lui sourit comme si elle l'avait entendue. Stella vient d'avoir 14 ans et elle ne se rend pas compte que tout cela peut arriver très vite.

« Stella, est-ce que tu as envie de nous dire quelque chose ou de nous poser des questions ? Profites-en, on n'a pas toujours des femmes prêtes à entendre n'importe quelle question sur notre intimité. »

Stella est prise au dépourvu. Tout s'affole dans sa tête.

« Tu n'es pas pressée Stella, nous avons le temps.

– Plusieurs de mes copines me disent qu'elles ont très mal au dos quand elles ont leurs règles. C'est toujours comme ça ?

– Non, ce n'est pas toujours le cas, mais il est vrai que c'est assez fréquent. Est-ce que certaines d'entre vous ont envie de répondre ?

– Je m'appelle Sylvie. J'ai toujours vu ma mère se plaindre de son dos quand elle avait ses règles. Alors pour moi, *avoir ses règles* était synonyme d'*avoir mal au dos*. Et effectivement j'ai eu très mal au début. Le médecin m'a conseillé de prendre la pilule pour cela. Et puis, un jour, j'en ai eu marre de prendre ces comprimés. Alors j'ai recommencé à avoir mal au dos. Une personne m'a aidée à voir mes règles autrement que douloureuses. Elle m'a appris à desserrer mon dos quand il était douloureux, à chercher à le détendre en amenant ma respiration dedans, comme si je voulais l'ouvrir et diluer la douleur. Alors qu'en temps normal je me bloquais complètement pour essayer de la supporter. J'avoue qu'en ouvrant, j'avais peur d'augmenter la douleur.

Et à mon grand étonnement, ce fut l'inverse. C'est comme si elle fondait. L'exercice est devenu de plus en plus facile au fil des cycles. Aujourd'hui, je ne peux pas dire que ce soit douloureux, par contre, dès que j'en fais trop pendant cette période, le mal revient. C'est comme s'il veillait à mon bien-être ! C'est peut-être ma femme sauvage qui s'exprime, ajoute-t-elle en riant.

– Pour moi, c'est un ostéopathe qui m'a soulagée et le fait également de marcher tranquillement, à mon rythme pendant mes règles pour mobiliser en douceur la zone douloureuse.

– Pour ma part, j'ai résolu l'histoire en prenant des bains tous les jours pendant cette période, de bons bains avec du sel et des Fleurs de Bach[1] ou des huiles essentielles. Dans le bain je fais comme Sylvie, j'essaye de détendre au maximum la zone douloureuse. Je me rends compte qu'il faut que je commence cela dès que mes règles arrivent, ainsi elles ne sont presque plus douloureuses.

– Moi, j'ai réalisé un jour que j'avais mal parce qu'en fait j'avais besoin qu'on (principalement ma mère) s'occupe de moi. C'était le seul moyen pour qu'elle me consacre du temps et me masse. Il faut

1. « *Sous le nom "Les Fleurs de Bach", on compte 38 préparations à base de plantes et de fleurs, chacune conçue spécifiquement pour cibler un problème différent ; ces préparations vous aident à gérer les exigences émotionnelles de la vie quotidienne. Les "Fleurs de Bach" correspondent aux essences de fleurs originales conçues par le Docteur Edward Bach dans les années 30...* » Extrait du site http ://www.mesfleursdebach.com/accueil/presentation.asp

dire que j'ai quatre frères, et qu'ils lui demandent beaucoup. Je suis l'aînée et la seule fille... alors j'ai pris beaucoup de choses en main dans la maison.

– Eh, oui ! soupire Mawani, la douleur des règles nous parle. Le corps nous raconte quelque chose d'important pour nous. C'est pour cela que la pilule ne résout rien : elle masque le problème. Ce n'est pas pour cela qu'il ne faut pas la prendre, car elle peut aussi vraiment soulager ! Est-ce que ces réponses te rassurent Stella ?

– Je crois que oui. Je me demandais aussi si l'on pouvait se baigner quand on a nos règles. Je me rends compte que certaines copines évitent et d'autres n'en tiennent pas compte.

– C'est parce que cela dépend de chacune et dépend également de comment on se sent. Plus l'eau est froide et plus il faudra que tu t'écoutes. Fais confiance à ta femme sauvage. Si tu ne le sens pas, n'y vas pas, même s'il s'agit simplement de te tremper les pieds. Le froid amène un resserrement des vaisseaux sanguins. L'utérus est très sensible durant cette période car le travail d'élimination de la muqueuse se fait grâce à l'alternance de contractions et de détentes. Plus la détente est importante, plus l'action est efficace et moins il y a de douleurs. Le resserrement des vaisseaux sanguins va diminuer la détente. Les conséquences peuvent être des douleurs importantes ou l'arrêt prématuré des règles (ce qui n'est pas conseillé car le travail d'élimination n'est pas terminé). Par contre, si tu as envie de te baigner et qu'en t'approchant de l'eau (et même en trempant tes pieds) cela t'attire, alors vas-y. La première fois, cela te permettra de connaître ta sensibilité à l'eau pendant cette période : tu sauras ainsi si tu peux te l'autoriser ou pas.

– Moi, je sais que je suis très sensible à l'eau froide en temps normal, mais encore plus pendant mes règles. Si je ne m'écoute pas, je déguste après. Je me souviens d'une fois, au cours d'une randonnée, nous devions passer une petite rivière à gué donc pieds nus. L'eau était archi froide. J'ai hésité et puis j'ai demandé à un ami s'il pouvait me porter. J'avais un peu honte ! Il devait me porter ainsi que mon sac à dos. Il a accepté avec un grand sourire. Ça lui faisait plaisir de me rendre service. Il m'a même remerciée après car il s'était senti valorisé en tant qu'homme. »

Stella s'imagine dans cette situation... elle aurait du mal à demander. Elle aurait peur qu'on se moque d'elle, qu'on la trouve faible.

« As-tu d'autres questions ? » demande Mawani.

Stella hésite, elle tourne ses mains dans tous les sens sans s'en rendre compte.

« Visiblement, il y en a une qui te dérange, sourit Mawani.

– C'est la peur de me tacher et de ne pas savoir quand me changer.

– Je crois que nous avons toutes un peu cette crainte. Alors, comment faites-vous mesdames ?

– Pour moi c'est simple, je surveille l'heure. Je sais que les deuxième et troisième jours de mes règles, il faut que je me change toutes les deux heures. Alors, si je crains de ne pouvoir le faire dans les délais, je le fais avant.

– Pour moi c'est pareil, même si ce n'est pas le même temps. En plus je m'habille toujours en noir, plutôt en pantalon et avec un vêtement qui couvre les fesses, comme un long pull ou un grand T-shirt. L'été, je mets facilement un pull ou un gilet autour de la taille.

– Je sais que pour moi, quand j'étais au lycée, je n'osais pas demander à sortir pour aller me changer. Alors j'ai souvent eu des problèmes, je me tachais et j'étais gênée. Donc, après j'ai demandé et je me suis rendue compte que cela passait très bien.

– Moi, j'avoue qu'avec la cape menstruelle, je n'ai plus cette crainte, parce que, même si je ne respecte pas l'heure, elle ne déborde pas ! Il m'est même arrivé de faire l'amour en la portant… Mon copain ne me croyait pas quand je lui disais que j'avais mes règles ! »

Stella est épatée de voir comment on peut parler simplement de tout cela entre personnes qui ne se connaissent pas vraiment.

« Et la nuit, ose-t-elle interroger ?

– J'ai des règles vraiment très abondantes au début, alors la nuit je mets double protection, un boxer qui ne craint rien et si je ne suis pas chez moi, je dors sur un drap de bain plié en deux. Par contre si je me tache, j'ai pris l'habitude de tout mettre à tremper à l'eau froide le lendemain car, si j'attends plus, les taches ont plus de mal à partir.

– Pour ma part, je me rends compte que l'écoulement qui va amener le débordement me réveille et que j'ai le temps de me précipiter aux toilettes.

– Sans te précipiter, tu peux serrer ou remonter les muscles de ton périnée (ces muscles qui ferment ton bassin), tu peux ainsi retarder l'écoulement. Lorsque je suis chez moi, de jour comme de nuit, je ne tache presque pas mes serviettes car je sens l'écoulement arriver, je le retiens et le libère aux toilettes ou dans un récipient si je veux le récupérer. Ça m'a vraiment appris à être à l'écoute de mon corps.

– Comment je vais savoir quand vont arriver mes règles, puisque je n'ai aucune idée de la durée de mon cycle ? s'inquiète Stella.

– Normalement il ne devrait pas faire moins de 26 jours, précise Mawani. Donc tu peux être plus à l'écoute de tes sensations à partir de ce moment-là. Emporte toujours une serviette avec toi, habille-toi comme cela te rassure, donc plutôt en sombre. Les règles s'annoncent souvent par une trace un peu moins claire sur le papier toilette. Il arrive fréquemment de les découvrir le matin au lever. Tu sentiras également que l'écoulement n'est pas le même que celui des pertes blanches. Petit à petit, tu percevras mieux le langage de ton corps et tu prendras confiance. Le fait de remplir régulièrement la fleur de ton cycle peut t'y aider.

– Pourquoi les cycles ne sont pas toujours réguliers ? demande encore Stella.

– Ah ! Les histoires de femmes sont si complexes ! s'exclame Mawani. Il n'y a pas une raison particulière ; c'est encore un moyen que le corps a de nous parler. Le cycle est sensible à nos émotions, à des dépaysements brusques ; nous portons aussi tout l'héritage des femmes de notre lignée, plus notre histoire personnelle. »

Tout cela semble bien complexe à Stella.

Le silence se dépose sur l'assemblée, seul le feu continue son ronronnement apaisant.

Des entrailles de la Terre au ventre de la Mère

« Stella, tu es notre Reine ce soir, ou plutôt notre Princesse. »

De nouveau Stella sent son cœur battre la chamade. Qu'est-ce que cela veut dire ? Elle aime quand on ne la remarque pas trop. Une princesse ? C'est peut-être un peu fort ! Mais elle n'a pas le temps de pousser plus avant sa réflexion car Mawani pose sa main sur son épaule. Par ce contact, Stella sent son corps se concentrer complètement dans son ventre ; cela ne forme pas une boule dure comme un caillou comme quand elle est mal à l'aise ; c'est plutôt comme un noyau, le noyau d'un fruit bien mûr. Et cette concentration bien loin de la rapetisser lui permet au contraire d'occuper toute la place dans son corps... Du coup, elle se sent grande. En même temps, cette main est si douce, tellement chargée d'amour, que Stella a envie de se rouler en boule dedans comme un petit bébé.

« Viens avec moi Princesse de ce jour, nous allons prendre soin de toi », poursuit Mawani en se levant.

Stella ne peut pas faire autrement que de la suivre comme si elle était collée à cette main posée sur son épaule. Mawani prend le temps de regarder chaque femme avec attention.

« Madeleine et Maria, acceptez-vous de venir avec nous ? »

Une femme se lève avec souplesse. Stella l'avait remarquée dans le cercle et se sentait comme aimantée par sa présence. C'est une belle femme à qui il est difficile de donner un âge car sa silhouette est jeune, alors que la peau de son visage compte déjà les années. De longs cheveux bruns coulent sur ses épaules, retenus légèrement en arrière par de fines tresses qui partent de ses tempes. Elle ramasse son châle et le pose sur ses épaules. Sa jupe longue et fluide accompagne chacun de ses mouvements. Elle s'approche des deux femmes en flottant sur le sol comme sur des eaux tranquilles. C'est alors qu'elle pose sur Stella un regard où brillent les étoiles dans un ciel bleu-vert. Stella s'y envole avec plaisir en se laissant porter.

« Je m'appelle Madeleine et je suis très honorée de t'accompagner Stella. »

Une autre femme se lève à son tour. Stella ne l'avait pas remarquée. Elle est toute simple avec ses cheveux châtains mi-longs, son jean et son petit pull. Elle se déplace sans un bruit, sans rien déplacer, elle est si discrète... Alors qu'elle s'approche, Stella s'étonne de sa jeunesse : elle pourrait être sa sœur.

« Mon nom est Maria, dit-elle avec un petit accent étranger, je suis émue car cela ne fait pas si longtemps que j'étais cette Princesse du jour. Quel souvenir savoureux !

– Je vous invite, Dames Lune, à reformer le cercle et à nous veiller en chantant. Vous pouvez prendre les percussions qui sont à côté de la porte pour vous accompagner », propose Mawani en s'adressant aux autres femmes.

Puis elle soulève un pan de la yourte. Un boyau éclairé de lucioles, tel la trompe aspirant l'ovule, ouvre sa bouche béante et aspire les quatre aventurières ; les parois souples frissonnent à leur passage ; Stella se sent happée par un monde mystérieux et obscur, martelé par le son étouffé des tambours qui rythment inconsciemment sa marche. Il lui semble que seul ce rythme la relie à une réalité. Les paroles de sa mère s'y déposent « *tu n'as rien à craindre » :* véritable ritournelle qui tourne en spirale dans sa tête comme un cordon ombilical où pulse la vie : fil d'Ariane invisible qui se veut rassurant. Surtout ne pas perdre de vue ce dos qui se voûte devant elle pour s'adapter à l'étroitesse du passage. Stella l'imite de peur d'être engloutie par la douceur caressante des parois informes.

Une main invisible ouvre un autre passage caché dans le rouge obscur des parois. Stella la suit et reste en arrêt devant le néant qui trône devant elle. Elle a l'impression d'être dans les entrailles ténébreuses de la Terre. Tout est sombre hormis un rai de lumière jailli d'on ne sait où impactant le néant en un cercle parfait où scintille une étoile à six branches. Seuls la colonne de lumière, le cercle semblable à la pleine Lune et l'étoile sont visibles, suspendus dans un espace indéfini. Une odeur de terre humide et d'encens imprègne l'air. Quelque part, une source égraine sa chanson joyeuse qui ricoche sur des parois invisibles, éclabousse en cascade le noir béant qui s'en imprègne et la boit en goulées mélodieuses, l'entremêlant au chant des femmes. Les éclats posent leur voile ténébreux sur le cœur de la Terre pulsant son rythme sourd au rythme des tambours. Une douce chaleur enveloppe sournoisement Stella pour qui le temps s'est arrêté. Elle retient son souffle et, prise de vertige au bord de ce puits sans fond, elle se concentre sur ses pieds qui plongent leurs racines profondément dans le sol, s'agrippant à la Terre pour éviter la chute. Madeleine a disparu, engloutie par l'obscurité.

Le craquement d'une allumette fait sursauter la fillette. Comme une île de lumière perdue dans l'océan obscure, la flamme vacille écrasée par l'épaisseur de l'ombre. Elle hésite, courbe l'échine, tremble. Tous les souffles sont suspendus à ses lèvres. Elle se cambre et d'un coup de rein embrasse une torche qui s'embrase en une étreinte de feu. Elle prend vigueur et s'enhardit dans les ténèbres. La flamme se heurte à une paroi rugueuse, le choc la fait sursauter. Elle reprend ses esprits et lèche sauvagement la roche. La lumière attire d'autres torches qui s'enflamment ; l'imaginaire est pris au piège, il se heurte aux limites du réel concentrant le rêve en un espace mi-grotte, mi-salle aussi rond que le ventre d'une mère. Ce ventre respire sous la caresse des flammes, qui voilent et dévoilent maladroitement la surface dépolie des roches à la peau brune.

Tel un coup d'épée, l'éclair de lumière surgit du centre de la voûte comme du nombril de la Terre, pourfend l'ombre avant de s'impacter violemment sur le sol en un rond parfait. Il immobilise d'un geste une mosaïque de briquettes rouges, apeurées qui se serrent les coudes dissimulant vainement au regard inquisiteur la patine du temps. La clarté nacrée de l'étoile triomphe, sans une ride. Cet éclair blanc semble insolite, voire intrusif dans ce lieu mystérieux aux contours arrondis.

Le regard de Stella s'habitue à la pénombre. Elle distingue mieux les parois qui dansent avec la lueur des quatre torches gardiennes des angles virtuels d'un carré parfait : tout au fond, légèrement à gauche, une fente sombre et verticale, tel un sexe de femme, s'ouvre de la Terre impudique, échappant une coulée aux formes rondes dont la surface douce et soyeuse semble perpétuellement humide. Stella aurait envie d'y passer ses mains. L'eau y coule délicatement, serpentant paresseusement entre quelques mamelons avant de se disperser langoureusement dans une vasque en forme d'œuf.

Un voile de brume tente maladroitement d'habiller cette nudité offerte. Stella surprend, plus à droite, le regard d'un vieux tronc d'arbre voûté par les années qui s'attendrit devant cette juvénile impudeur, tendant ses branches tordues en attentes de vaines caresses. En son centre, une ouverture ronde, noire, exhibe un vide mortel. Les yeux de Stella y peignent un hibou, veilleur silencieux, gardien des ténèbres. Serait-il possible que cet arbre ait poussé là ? Cela paraît improbable. Dans la paroi, quelques niches secrètes se dérobent furtivement au regard indiscret de Stella. Devant elle, trois marches aux contours circulaires mal définis semblent flotter dans le vide, descendant dans cet antre.

Madeleine, telle une fée, s'approche et tend la main à la jeune fille. Stella la saisit avec soulagement et descend solennellement les marches. Pour la première fois, elle se sent être une vraie Princesse.

Le Clan des louves

« Bienvenue dans le ventre de la Terre Mère, s'exclame Mawani dont la voix fracasse le silence envoûtant. Elle t'accueille aujourd'hui dans le secret de ses entrailles, mais n'oublie pas qu'elle est toujours là, présente, sous tes pieds et prête à t'accueillir lorsque tu acceptes de t'y déposer. Elle le fait où que tu sois et quoi que tu aies fait. C'est notre Mère à tous, c'est elle qui nous nourrit, c'est en son sein qu'on dépose notre corps après notre mort. Elle prend soin de nous. À toi de prendre également soin d'elle.

Ce lieu est un sanctuaire. C'est-à-dire un lieu saint, un lieu sacré. C'est pourquoi nous allons nous déchausser pour ne pas le souiller de nos semelles mais aussi pour que nos pieds s'imprègnent de son contact.

Nous allons également nous purifier avec la fumée de la sauge incandescente. »

Mawani prend dans le nid du hibou un petit rouleau ressemblant à un gros cigare. Elle l'embrase à une torche, puis le secoue pour l'éteindre et souffle doucement dessus. Une épaisse fumée acre s'en dégage. Mawani, d'un geste gracieux décrit des volutes autour d'elle et ramène délicatement la fumée à elle avec l'autre main. Puis elle fait de même autour de Stella avec beaucoup d'attention. La fumée pique les yeux de la jeune fille et la fait tousser. Quelle drôle d'odeur ! Ensuite Mawani passe le cigare à Madeleine qui de nouveau souffle dessus pour raviver la braise avant de s'enfumer consciencieusement et de passer le relais à Maria. Lorsqu'elle a achevé ses volutes, Maria dépose le cigare sur un creux de la roche.

« Stella, tu vas laisser ici une vieille peau qui est toute usée et étriquée, annonce Mawani. Dessous, tu vas trouver une peau neuve, la peau de la jeune fille qui se cache en toi. Rentre au centre de l'étoile face à cette torche. »

Stella hésite à rentrer dans l'espace de l'étoile et surtout dans la colonne de lumière cristalline et tranchante. Ses yeux sont captivés par la danse de la poussière d'étoile qui virevolte légèrement en son centre. Stella se surprend à passer d'abord la main dans la lumière, geste machinal par lequel habituellement elle vérifie la température de l'eau avant de se glisser sous la douche. Ce geste perturbe un instant la trajectoire des danseuses d'étoiles qui s'affolent puis, curieuses, s'apaisent et tentent sans succès de se poser sur cette terre inconnue. Cela fait sourire Stella. Elle bouge timidement les doigts qui se métamorphosent en doigts de fée faisant danser la poussière d'étoile.

Elle cherche du regard la fée Clochette qui demeure invisible. Pas un éternuement ! Déçue, elle pénètre tout doucement sous cette douche féérique et se laisse inonder de blancheur laiteuse ; tout ce qui l'entoure a disparu. Ça lui fait très bizarre d'être aussi visible alors qu'elle ne voit rien. « Est-ce que c'est pareil pour un chanteur sur scène ? » se questionne-t-elle intérieurement.

C'est curieux, c'est comme si l'air dans cette colonne avait une consistance différente : Stella se sent comme aspirée vers le haut. Elle reste un moment immobile, puis ose se regarder, découvrir le jeu de l'ombre écrasée à ses pieds ; l'étoile semble la porter dans le néant. Elle hésite, et enfin lève la tête. C'est un sourire qui l'accueille, sourire de la Lune qui cligne de l'œil d'un air complice. Stella perd complètement la notion de l'espace où elle se trouve : est-elle dehors ? Est-elle dedans ? C'est comme si elle était sous terre et en plein air à la fois. En fait, c'est une voûte à ciel ouvert qui permet de voir parfaitement la Lune !

La voix de Mawani la ramène à la réalité... qui lui semble assez irréelle. Est-ce un rêve ? Va-t-elle se réveiller tout à coup et se retrouver dans son lit sous sa couette, avec son Dodo. Elle se surprend à sourire en pensant à son pauvre Dodo tout défraîchi : c'était une belle marionnette clown en tissus bleu avec des étoiles jaunes, chapeau pointu et pompon rouge, un grand sourire et des yeux malicieux. Le tissu est aujourd'hui tout usé, tout râpé (peut-être comme la vieille peau dont parlait Mawani), ses bras sont à moitié décousus laissant voir leur rembourrage, le pompon s'est envolé, le chapeau ne tient plus qu'à un fil et n'est presque plus recouvert de tissus. Les joues de Dodo ont troqué leur blancheur contre un teint grisâtre... C'est que la maman de Stella ne veut plus ni le laver, ni le réparer car il part *en miettes* comme elle dit. Pourtant Stella y tient à son Dodo. Elle s'en passe quand elle part mais le retrouve toujours avec un immense plaisir dans son lit... malgré tous les *à ton âge !!!* de son père. Peut-être que son père serait plus amusant s'il avait encore une peluche !!!! s'exclame-t-elle intérieurement.

« Reviens parmi nous Stella », appelle doucement Mawani.

Stella quitte à regret l'image de son père lisant le journal à sa girafe en peluche et essaye de percer de son regard le rai de lumière. À ses pieds, la pointe nacrée d'une des branches de l'étoile est alignée à une flamme agrippée à la roche. Elle perçoit vaguement la silhouette de Mawani dans sa robe écrue.

« Tu es tournée vers l'Est, Stella. L'Est : le côté où se lèvent le Soleil, la Lune et les étoiles. L'Est c'est la naissance, le début du jour, le début de la vie. Quand tu te tournes face à l'Est, c'est comme si tu te retournais sur le chemin de ta vie. Tu vas simplement laisser ce chemin se dérouler devant toi comme un tapis. Ne t'arrête pas en chemin sur un souvenir particulier, laisse les images défiler. »

Le film commença par la journée d'hier, alors qu'elle venait d'avoir ses règles et qu'elle allait au collège... la tête de sa mère quand elle lui annonça ce qui lui arrivait... sa prof de math de l'an dernier... sa peur le jour de la rentrée en sixième quand elle avait quitté son père pour se lancer dans ce monde inconnu... ses vacances en montagne avec son cousin... sa peur et les cris de sa maman affolée quand elle s'est cassée la jambe... sa petite sœur qui n'arrête pas de l'embêter... son frère tout bébé, si petit que ça l'avait impressionnée... sa robe rouge avec un poisson quand elle était toute petite... la colère de son père quand elle a renversé le vase en voulant apporter des fleurs à sa maman pour la fête des mères : il était si gros ce vase pour ses petites menottes et elle était si fière de la porter !... sa grand-mère raide sur son lit de mort avec sa mère qui pleure et qui pleure... et puis elle se voit, marchant à peine, s'approcher de sa maman et découvrir un bébé dans ses bras : ce serait sa petite sœur ?... Stella est surprise et amusée de visionner ce film qui jaillit de sa mémoire. Elle passe en même temps par toutes les émotions qui y sont attachées : la peur, la colère, la joie, la tristesse, la tendresse, la jalousie, l'incompréhension... Ce film semble se dérouler au fil du rythme des percussions qui scandent le chant des femmes dans un ailleurs imprécis.

« C'est toute ton enfance qui défile. Tout ce que tu as vécu depuis que tu es venue habiter le ventre de ta maman est en mémoire dans tes cellules. Elles contiennent aussi des mémoires qui appartiennent aux femmes de ta famille (ta mère, ta grand-mère, ton arrière-grand-mère et ainsi de suite jusqu'à la nuit des temps), des mémoires d'autres vies sur Terre qui ont été expérimentées et qui sont des mémoires propres à toutes les femmes de la Terre. En dehors de celles concernant ta vie depuis ta naissance, toutes ces mémoires forment ton héritage. Ce sont des vies intérieures enregistrées en toi. C'est un bagage qui peut paraître encombrant. Pourtant, c'est une partie du terreau dans lequel plongent tes racines. »

Stella s'imagine sur un quai de gare. Pleins de femmes, connues et parfois inconnues, qui passent, déposant chacune une valise pleine de *je ne sais quoi* devant Stella. Puis les femmes se regroupent en face d'elle et la regardent, semblant attendre quelque chose. Stella se sent très seule et ne comprend pas ce qu'elles veulent. Elle frissonne.

« Par le demi-tour que je vais te faire faire, Stella, tu vas quitter l'enfant que tu étais pour laisser naître la jeune fille en toi. Ce demi-tour va également te permettre de tourner le dos à toutes ces présences. Tu n'es pas là pour répondre à leurs attentes ! »

Comment Mawani peut-elle percevoir ce qu'imagine Stella ? La jeune fille n'a pas le temps d'approfondir la question car la chamane la prend par les épaules et lui fait faire un demi-tour sur la droite.

Puis elle se place derrière elle, maintenant fermement ses mains sur ses épaules.

« Tu es face à ton avenir. Tes cellules contiennent également la mémoire de ce que tu vas vivre... aussi surprenant que cela puisse paraître. Les cellules sont composées en grande partie d'eau et l'eau porte la mémoire du monde passé et à venir. Tu y avais accès avant de naître. Mais à ta naissance, un ange à déposé son doigt sur tes lèvres en disant « *Chuuuut !* » pour que tu oublies tout cela. Tu gardes d'ailleurs la trace de son doigt entre la base de ton nez et ta lèvre supérieure. Ce n'est pas une punition. C'est pour que tu le découvres par toi-même et en fasses pleinement l'expérience. C'est comme lorsque tu vas voir un film, si tu connais toute l'histoire avant, ce n'est pas très passionnant !

Imagine ce chemin devant toi. Ce chemin est le tien, personne ne peut le parcourir à ta place. Parfois, il sera agréable ; parfois il sera éprouvant. Sache que dans l'épreuve, il y a toujours des mains qui se tendent pour t'apporter un soutien... même si elles ne sont pas toujours celles que tu attends. C'est pour cela que bien souvent on ne les voit pas et qu'on se sent seule, abandonnée de tous : on n'est, à ce moment-là, pas prêt à les accueillir simplement : on ne les reconnait pas.

L'ange qui a voilé tes souvenirs lors de ta naissance, n'est jamais très loin non plus. Je dis un ange... mais il n'en a pas toujours l'apparence et tu es libre de le nommer comme tu veux. Peut-être que tu as déjà senti sa présence car plus on est jeune et plus on le perçoit comme on peut percevoir des choses d'autres mondes... En grandissant, on perd cette sensibilité, on en vient même à l'oublier complètement. Mais lui ne nous oublie pas. »

Stella se souvient de cette drôle de présence à laquelle elle s'était habituée il y a des années : un vieil homme avec sa cape marron, son chapeau à large bord et sa canne. Il était là dans un coin de sa chambre et semblait la regarder. Au début Stella en avait peur... Mais il n'avait pas l'air méchant, alors elle s'était détendue. Il lui arrivait de le questionner, il lui répondait toujours en souriant. Cette relation inhabituelle était son secret : avec qui aurait-elle pu le partager ? Quand elle ne parvenait pas à trouver le sommeil, il lui contait des histoires, histoires d'un autre monde. Petit à petit, le vieil homme espaça ses visites. C'est vrai que cela faisait longtemps qu'elle ne l'avait plus vu.

« Sur ce chemin, Stella, la jeune fille va devenir jeune femme, puis mère, puis grand-mère. Au fil de ces cycles de femme défile le cycle des âges de la vie. »

Stella se voit jeune fille en robe avec des cheveux longs : elle danse. Elle sent des lèvres déposer un baiser sur les siennes, un frisson inconnu la parcourt. Puis elle se reconnaît enceinte. Cela lui fait bizarre car elle s'est toujours imaginée avoir des enfants mais n'a jamais pensé à la grossesse. Puis elle se voit avec deux enfants, un garçonnet de 4-5 ans et une petite fille qui commence à marcher. Maintenant sa fille est grande et s'en va. À cette vision son cœur se serre. Vient ensuite une vieille femme avec pleins d'enfants de tous âges autour d'elle : est-ce elle grand-mère ou arrière grand-mère ?

« Chaque étape te prépare à la suivante, poursuit Mawani. À chaque passage tu tournes une page, tu quittes une vieille peau devenue trop usée et tu en trouves une nouvelle à laquelle il faut t'habituer. Chaque passage est un temps important : quelque chose se transforme en toi. C'est comme la chrysalide qui permet à la chenille de devenir papillon. La chenille n'est pas morte, elle s'est transformée ; la vieille peau de la chrysalide, par contre, est abandonnée.

Tu es guidée sur ce chemin par ta femme sauvage dont j'ai parlé tout à l'heure : cette louve qui vit dans ton utérus. Que tu le veuilles ou non, tu appartiens au Clan des louves. La tienne est là pour veiller sur toi. Si tu t'égares, si tu te laisses emprisonner par la routine, si tu te laisses étouffer par la charge de travail, elle te rappelle à l'ordre avec ses coups de pattes (et même ses coups de griffes lorsque tu fais la sourde oreille). Il se peut qu'elle te blesse, qu'elle te contrarie. Alors tu pestes contre la vie, contre les gens, contre l'injustice, contre ce qui t'empêche de suivre le chemin qui te semble tout tracé. En fait, tu ne te rends pas toujours compte que tu luttes contre elle. Elle est là, sauvage, impitoyable à se dresser en travers de ton chemin. Si tu l'esquives, elle te retrouve, un peu plus tard avec plus de force. En fait, cette louve garde le plus précieux de toi-même : ton projet de vie, celui pour lequel tu es née et dont tu n'as pas toujours conscience. Il se loge souvent de façon déguisée, dans nos rêves d'enfants. Ce projet, c'est comme une petite graine pleine de vie qui crépite à l'intérieur de toi et qui attend de pouvoir germer et fleurir, qui attend que tu lui fasses de la place. Si tu l'oublies, elle risque de mourir sans avoir fleuri. Cela est insupportable pour ta louve. C'est pour cela qu'elle te malmène alors. Quand tu réalises que c'est elle qui perturbe tes projets, tu la regardes d'un autre œil : prête l'oreille, sois attentive, écoute ce qui vibre en toi afin de percevoir son langage ! C'est ainsi que tu pourras la suivre avec confiance : elle te ramènera sur le chemin que tu as perdu. Cette louve cherche toujours à te garder dans le mouvement de la Vie, dans cette danse qu'est la Vie : elle n'aime pas que tu t'endormes, que tu t'oublies. »

Stella adore danser. Mais de là à danser avec une louve... ! Elle rit intérieurement. Elle arrête brusquement son rire, car lui revient en mémoire le jour de son audition de danse classique où elle s'est bêtement déboité le genou. C'est ce jour-là qu'elle a dit adieu à son rêve d'être danseuse étoile. Ses pensées se bousculent dans sa tête : est-ce que ce serait cela *danser avec sa louve ?* Mais pourtant c'est à cause de cet accident qu'elle a abandonné la danse classique. Mais alors... Elle est interrompue par Mawani qui la ramène brusquement au présent.

« On ne comprend pas toujours l'intervention de la louve ; c'est parfois des années plus tard que l'on réalise la justesse de ce qui nous est arrivé. Laisse ta louve au creux de ton utérus et reviens là. Pose ton attention sur ce qui est derrière toi et dis-moi ce que tu ressens. »

Stella ferme les yeux pour mieux se concentrer : « Je sens mon père... non, c'est plutôt ma mère qui est là avec ses bras ouverts. Mon père, c'est plus comme un mur sur lequel je peux m'appuyer, mais je peux aussi me cogner. Je sens aussi ma grand-mère et toutes les femmes de ma famille ; comme je sens en fait une multitude de femmes. Elles sont là, derrière moi, et elles me soutiennent, elles m'encouragent, elles me poussent à avancer. C'est fou comme tout à l'heure je me sentais seule face à elles et maintenant je me sens soutenue.

– Eh ! oui, toutes ces femmes sont là pour te soutenir dans ton chemin. Comment vois-tu l'enfant que tu étais ? la questionne Mawani.

– C'est une petite fille avec ses couettes brunes. Elle rit aux éclats en courant après des papillons dans un pré en montagne.

– Qu'est-ce que cela te fait ?

– Elle me rend joyeuse, elle me fait rire, elle me donne envie de courir avec elle.

– Invite-la à venir avec toi. C'est ton enfant intérieur. Où choisis-tu de la mettre dans ton corps ? »

Stella hésite, cherche. Que doit-elle répondre ? Où doit-elle la ranger ? Elle commence à s'affoler...

« Tu peux suivre les papillons », propose Mawani.

Stella a à peine le temps d'apercevoir les papillons que la petite fille aux couettes saute dans sa poitrine et se loge dans son cœur... avec les papillons. Stella sourit.

« Elle est dans mon cœur !

– Ainsi tu sauras où la retrouver lorsque tu en auras besoin. »

Le chant des femmes continue d'envelopper le lieu. Les percussions sont comme les battements du cœur de Stella. Elle imagine sa petite fille intérieure galoper dans son cœur.

« Maintenant, Stella, le temps est venu de quitter le centre de l'étoile. Tu vas en sortir par la pointe qui est devant toi, comme si cette pointe te montrait la direction à suivre dans ta vie. Pour ce premier pas, Madeleine et Maria vont te proposer une main. Prends conscience en même temps que tu quittes la vieille peau de ton enfance. Quoiqu'il se passe, regarde devant toi et ne te retourne pas. »

Stella pose ses mains sur celles qui se tendent l'une à sa droite, l'autre à sa gauche. C'est rassurant d'avoir cet appui même si elle peut s'en passer. Elle se concentre, prend une grande respiration et fait un pas en avant. Elle pose son pied juste devant la pointe de l'étoile. En même temps, elle a la curieuse impression de sentir quelque chose glisser de ses épaules. Elle a envie de se retourner pour le rattraper. Mais les paroles prononcées par Mawani l'arrêtent dans son geste. Elle continue d'avancer tout doucement en regardant droit devant elle, attentive à ce qu'elle ressent. C'est comme si une peau à la fois légère et pourtant curieusement raide par endroit, glissait le long de son corps. Cette peau tire sur sa colonne vertébrale entre les omoplates et pèse sur ses hanches. D'un mouvement imperceptible, Stella se dégage : la peau semble tomber à terre, restant encore accrochée à son genou (celui qui s'est déboité quand elle avait neuf ans). Stella agite un peu sa jambe, le genou se dégage de l'étreinte. Elle se sent libérée. Elle aurait vraiment envie de se retourner pour voir à quoi ressemble ce qui est tombé. Pourquoi ne doit-elle pas le faire ? Elle se promet de poser la question plus tard à Mawani. Elle pose son attention devant elle, et marche sur son chemin. Elle ne s'est même pas rendu compte que les mains qui la soutenaient si légèrement ne sont plus là. C'est bien comme cela. Elle se sent sûre d'elle, belle, bien ancrée dans le sol. Elle inspire profondément l'air goûtant voluptueusement chaque particule de bien-être.

De la chrysalide au papillon

« Afin d'enlever minutieusement toutes les petites parcelles de peau morte qui restent accrochées de-ci de-là sur ta nouvelle peau, nous allons te baigner Stella, annonce Mawani.

Madeleine et Maria vont enlever un à un tes vêtements, en respectant le temps qui t'est nécessaire. Puis elles enduiront ton corps et tes cheveux de Ghâssoul : c'est une argile spéciale car elle est saponifère, c'est-à-dire qu'elle a les mêmes propriétés qu'un savon. On la trouve dans la vallée de Moulouya au bord de l'Atlas marocain. On en fait une pâte liquide dans laquelle on peut ajouter différents ingrédients. Celle-ci est mélangée avec de l'eau de fleur d'oranger et quelques gouttes d'huile d'argan. C'est un produit de beauté ancestral qui permet de nettoyer la peau dans ses moindres replis tout en la nourrissant. »

Stella a l'impression d'être une de ces Dames de la cour que l'on va baigner et dont on prend soin. Elle se rend compte qu'elle en a toujours rêvé.

Peut-être même qu'elle peut oser être Cléopâtre ! Madeleine s'approche et se prosterne légèrement, la main gauche sur son cœur :

« Stella, je salue la Déesse qui est en toi ». Stella est à la fois surprise et honorée ; ça se voit tant que ça qu'elle est Cléopâtre ? Elle sourit et incline la tête légèrement pour lui rendre son salut.

« Acceptes-tu que je retire tes vêtements pour prendre soin de ton corps ? continue Madeleine.

– J'accepte », sourit Stella intimidée.

Madeleine glisse sur le côté laissant la place à Maria qui regarde Stella un moment droit dans les yeux avec un large sourire. Ses yeux sont un mélange de noisette avec des pépites de miel. C'est un regard d'une saveur gourmande :

« Stella, je salue la Déesse qui est en toi, dit-elle en se prosternant également. Acceptes-tu que je retire tes vêtements pour prendre soin de ton corps ?

– J'accepte avec plaisir », répond de nouveau Stella.

Tout cela semble tellement naturel que Stella ne pense même pas à sa nudité. Elle se laisse faire par ces mains attentionnées qui, avec une extrême douceur et une extrême délicatesse, font glisser lentement ses vêtements comme autant de vieilles peaux : son sweat de skater dévoile un vieux tee-shirt tout déformé sur lequel trône Snoopy ; ses chaussettes, son baggy et même sa culotte. D'un geste gracieux, elle dégage ses cheveux de sa queue de cheval ; la crinière cavalcade le long de son échine libérant curieusement une énergie fougueuse dans les veines de la jeune fille. Le respect de ces mains qui la dénudent enduit son corps d'un baume réparateur.

« Que tu es belle ! s'exclame Mawani en plongeant fermement son regard dans celui de la jeune fille. Quel joli papillon se cachait dans la chrysalide ! »

Ces mots percutent le cœur de Stella, qui part en un tourbillon entre incrédulité et fierté. Stella maintient la barque de toutes ses forces pour éviter qu'elle chavire. Elle qui n'aimait pas trop son corps changeant se rend compte qu'elle se sent effectivement belle sous ces regards aimants et accueillants. Elle savoure la puissance des muscles de ses jambes effilées ; elle frissonne au passage de cette féminité espiègle qui excite sa taille et caresse ses hanches légèrement arrondies. Le galbe de son ventre frémit au contact de l'air : il peut porter la vie ! Stella le caresse doucement de ses mains. Cette idée la trouble : elle prend conscience du pas qu'elle fait dans la vie. Sa poitrine est là, impatiente de pointer ses bourgeons printaniers vers la lumière. Un combat s'installe sournoisement entre la timidité de ses épaules affolées tentant vainement de camoufler aux regards indiscrets cette métamorphose prometteuse et la vague d'énergie pétillante qui s'élance fièrement vers l'Univers avec une petite pointe d'arrogance. Ses cheveux dégoulinent en cascade chocolat, s'étirant paresseusement le long de sa nuque souple. Sur son visage encore poupon, des taches de rousseurs partent malicieusement à la conquête d'un petit nez retroussé. Elles se figent, prises en flagrant délit d'enfance par deux yeux en amande au cœur noisette parsemé d'étincelles vertes. Ces yeux se lancent curieusement à la découverte du monde, ils dévoilent sans être vus, cachés sous une frange généreuse. Lorsque Stella sourit, une étoile plonge au creux de sa joue droite en une fossette unique et coquine. Corps de passage, entre deux âges, dans lequel s'épanouit timidement la jeune fille sous les traits mal dégrossis de la fillette.

Dans une petite calebasse, Madeleine a préparé une pâte brunâtre, onctueuse. Avec l'aide de Maria, elle en enduit le corps de Stella. Leurs mains glissent, valsent, dansent, dessinant chaque courbe. Elles se font plumes sur le visage, avant de labourer vigoureusement le crâne et de s'attarder dans les cheveux. Stella a l'impression d'être enduite de pâte de cacao. Elle mêle ses mains aux mains des femmes... c'est tellement amusant et agréable de courir ainsi sur son corps avec cette pâte à savon. Elle rit. Cette valse des mains s'attarde sur chaque partie du corps avec attention. Sur les rares parties délaissées, Stella a l'impression que sa peau rétrécit car la pâte sèche.

Madeleine qui a retroussé ses jupes l'interrompt : « Ne te laisse pas surprendre ! ». Stella a à peine le temps de lever les yeux qu'elle voit arriver sur elle une masse d'eau tiède. L'eau éclabousse son rire et coule sur son corps, sur ses cheveux, encore et encore, au rythme des calebasses qui se vident. Elle se répand au sol en une multitude de cours d'eau boueux. Stella se sent lavée, purifiée. C'est la première fois qu'elle réalise que sa peau respire. Elle soupire de bien être.

La vasque cristalline

« Viens, donne-moi la main ». Madeleine lui tend la main et la conduit vers la vasque. La clarté de l'eau appelle Stella. Des pétales de roses flottent à la surface. « Tu peux t'y plonger, Demoiselle. »

Stella tâte l'eau du bout du gros orteil car elle craint l'eau froide. À sa grande surprise l'eau est chaude ! Elle réalise que l'eau coule chaude de la roche... C'est pour cela qu'elle semblait fumer ; c'est de là que vient la chaleur moite qui habite ce lieu : c'est une source d'eau chaude !

Stella se coule dans la vasque et s'allonge avec volupté. La nuque soutenue par une des femmes, elle se laisse flotter avec délice. Les oreilles dans l'eau, les voix des femmes au loin semblent être là, juste derrière la roche, tissant de leurs chants mélodiques une couverture douillette qui recouvre maternellement le ventre de la Terre. Stella ferme les yeux ; le visage de sa mère se dessine devant elle, souriant. Que fait-elle à cet instant ? Elle aurait aimé partager ce temps avec elle ! Est-ce que cela aurait été possible ? Est-ce qu'elle aurait su être là et juste là pour l'accompagner avec discrétion ? Stella n'en est pas sûre. Finalement, c'est bien comme cela.

Les mains bercent délicatement son corps. Stella s'abandonne au mouvement, elle devient algue dans une mer calme, légèrement ballottée par les vagues. Son bassin se détend, son dos se fait souple. Les mouvements s'amplifient tout en restant doux. Stella se sent comme l'eau qui coule et qui danse sur le sol, fluide et en même temps complètement unifiée : le mouvement part de sa nuque et se propage dans toutes ses cellules jusqu'à ses pieds. Elle a l'impression d'être sans fin.

Le bercement se calme progressivement. Stella retrouve l'immobilité de son corps en apesanteur. Le temps flotte, suspendu comme elle dans l'espace.

« C'est tellement fou tout ça ! » pense Stella.

Silence que seul le chant de l'eau qui coule habite. Les voix au loin se sont tues.

Une main caresse délicatement son front et la ramène au présent.

« Je vais maintenant te plonger complètement dans l'eau, laisse-toi faire. Quand tu sens ton visage rentrer dans l'eau, tu souffles par la bouche ouverte. Tu es libre de sortir quand tu veux. Ce sera alors comme une nouvelle naissance avec une première inspiration. Nous t'accompagnerons. »

Complètement détendue Stella se laisse faire, confiante. Les mains plongent progressivement sa tête dans l'eau. Elle souffle. De grosses bulles lui chatouillent les narines. Stella entend vaguement chanter une sirène. Plus rien ne la surprend ! Elle se laisse tomber au fond, sans rien faire. Elle est arrivée au bout de son souffle et pourtant elle est bien. Elle se sent légère et libre. Puis, d'un coup de rein elle se redresse, surgit dans l'air, l'aspirant avidement à pleins poumons. Six mains l'accueillent, la soutiennent, la portent, l'enveloppent dans un linge et la déposent en position fœtale sur un matelas. Ses yeux sont clos. Elle ne sait plus à quel espace et à quel temps elle appartient. Quel âge a-t-elle ? Elle est si bien dans ces bras maternels qui la contiennent et dans lesquels elle se blottit goulument. Des larmes coulent sur son visage, elle ne sait d'où elles viennent.

« Laisse couler tes larmes, jeune fille, murmure Mawani, elles vont arroser les fleurs de ton jardin intérieur. Le cœur des femmes contient des océans de larmes qu'il est bon de laisser couler de temps en temps. La femme porte en elle la tristesse du monde. Elle est la gardienne de l'eau, aussi bien des eaux intérieures que des eaux extérieures. Elle veille à ce que ces eaux ne stagnent pas, à ce qu'elles coulent, exprimant le vivant dans la vie. Laisse couler, *graine de Femme.* »

La danse des sept plumes

Les mains la sèchent, puis la massent avec une huile chaude et parfumée. Massage à six mains qui dansent sur tout son corps en un ballet mystérieux. Qui en est le chorégraphe ? La question reste en suspend car Stella a abandonné l'idée de penser à quoi que ce soit. Elle laisse les images défiler dans sa tête : des paysages champêtres, des ciels étoilés, des voiles légers qui volent, un soleil immense, des silhouettes de femmes qui dansent avec des robes vaporeuses, un visage souriant et lumineux qu'elle ne connait pas (bien que familier) se penche sur elle puis s'estompe dans le soleil...

Les mains ralentissent leur danse. Elles deviennent aussi légères que des plumes. Puis elles s'arrêtent : une sur son pubis, une en dessous de son nombril, une au-dessus, une sur sa gorge, une sur son front et la dernière sur sa tête.

« Croise tes mains sur ta poitrine en posant la main droite sur la gauche. Elles sont ainsi sur ton cœur entre nos mains. Les trois mains du bas parlent à ton corps, à tes racines : elles te relient à la

Terre et aux Hommes qui l'habitent. Les trois mains du haut parlent à ton esprit : elles te relient au Ciel et à toutes ses dimensions. Tes mains sont sur ton cœur en lien avec le cœur de tous les Hommes. Ce sont sept points d'énergie très puissants. Tu en as d'autres. Chacun est en lien avec une couleur, un élément, un son, un geste... Tu peux recevoir et donner à tout ce qui t'entoure à partir de chacun de ces points. Ils sont comme une plume qui ondule au gré de ta respiration. Essaye par exemple de respirer dans tes mains comme si tu faisais ondoyer la plume qui se trouve en dessous : quand tu inspires, tu te remplis ; quand tu souffles, tu te donnes. Fais-le plusieurs fois. »

Stella commence par le faire très consciencieusement. Puis elle sent une vague de chaleur qui l'envahit ; elle a l'impression d'avoir un cœur plein d'amour et d'en distribuer tout autour, dans cette grotte mais aussi aux femmes de la yourte, et même chez elle dans son village... cela semble sans fin. Elle sourit.

« Plus ces plumes sont harmonisées et mieux tu te sens, précise Mawani. En contemplant la nature, tu peux les harmoniser si tu en prends conscience. Par exemple, lorsque tu regardes le coucher ou le lever du soleil, tu vivifies la première plume qui est en lien avec la Terre ; quand tu regardes la Lune et surtout la pleine Lune ou que tu contemples de l'eau claire dans la nature, tu nourris la deuxième ; quand tu regardes le Soleil, tu recharges la troisième et aussi lorsque tu contemples les champs de fleurs jaunes ; la verdure de la nature comme les fleurs plutôt de couleur rose ou le ciel rosé au crépuscule intensifient la plume du cœur ; c'est la contemplation d'un ciel bleu clair sans nuage qui dynamise celle de la gorge ; par contre, c'est le ciel d'une nuit étoilée qui fait vibrer le troisième œil sur ton front ; c'est un espace sans limite comme au sommet d'une très haute montagne qui peut harmoniser le point de la tête que l'on compare souvent à une fleur de lotus ouverte sur le ciel. Chacune de ces plumes est appelée *chakras,* ce qui signifie *roue d'énergie.* »

Dessinées par la chaleur des mains, Stella les ressent profondément dans son corps. Elle les imagine comme autant de petites ouvertures sur le monde permettant de faire communiquer l'intérieur avec l'extérieur : les sept *fenêtres* sur l'univers où dansent les sept plumes d'énergie. Elle ne se rend même pas compte que les mains se sont décollées laissant une empreinte invisible sur son corps.

« Maintenant, Stella, tu vas pouvoir t'asseoir. Prends tout ton temps. »

Quand la fleur du désert s'éveille aux arabesques

La jeune fille ouvre les yeux. La lumière, pourtant douce, les agresse comme ceux d'un nouveau-né. Elle les cligne et hasarde un regard neuf autour d'elle qui lui rend aussitôt l'espace qui s'était envolé. La salle se dessine autour d'elle ; le visage souriant des trois femmes l'enveloppe d'une présence attentive… C'est comme si tout s'était intensifié : les couleurs, mais aussi l'obscurité, les odeurs. Stella s'étire comme un chat, baille, goûte le mouvement de ses muscles et se redresse à regret. Elle était si bien ! Elle promène sa main sur sa peau : qu'elle est douce ! On dirait vraiment une peau toute neuve. Elle ébouriffe ses cheveux qui sont dans tous les sens. Elle doit avoir une drôle de tête. Son visage, mal réveillé, sourit son bien être et sa reconnaissance.

« Je vais te coiffer », dit Madeleine. Comme elle est dans son dos, elle ne peut voir la grimace de la jeune fille. Stella a horreur d'être coiffée. Cela lui rappelle tellement les séances de démêlage avec sa mère quand elle était petite. C'étaient de vraies séances de torture, ponctuées des « *il faut souffrir pour être belle, ma fille !* » de sa mère exaspérée. Dans ces moments-là, Stella avait envie d'avoir les cheveux courts, elle qui avait toujours rêvé de les avoir jusqu'aux pieds !!!

Madeleine enduit ses mains d'un baume et caresse la chevelure folle de Stella, comme si elle cherchait à apprivoiser ces cheveux, à les dompter. Comme des chevaux sauvages, les mèches se rebiffent et piaffent, s'échappent et se cabrent. Madeleine garde les rênes avec calme et patience, caressant inlassablement les mèches rebelles. Petit à petit les chevaux se rassemblent et obéissent aux mains de maîtres qui les dirigent ; les cheveux se lissent et cascadent sagement le long de la nuque et sur les épaules de Stella. Alors Madeleine prend un peigne, et, très délicatement, en coiffe les mèches brunes, une à une. C'est comme une caresse pour Stella qui n'en revient pas. Puis avec ses mains, Madeleine masse le crâne et fait danser la chevelure. Stella a l'impression qu'elle leur donne vie. Le contact s'arrête doucement alors que Madeleine amène ses doigts jusqu'à l'extrême bout de chaque mèche.

« Es-tu prête à changer de tête ? », demande-t-elle. Stella n'a pas le temps de répondre que sa chevelure est empoignée par deux mains devenues tout à coup beaucoup plus énergiques qui étirent, tournent, attachent ses cheveux, libèrent quelques mèches, en tressent d'autres. Que fait-elle ?

Stella est mi-amusée, mi-inquiète : elle n'aime pas trop les chignons et tout ça. Cela lui donne à chaque fois une tête de petite fille bien sage. Mais elle n'ose rien dire. Elle est rassurée de sentir quelques mèches tomber sur son front. Elle n'aime pas du tout avoir le front dégagé, elle a l'impression que tout le monde la voit et lit à l'intérieur d'elle.

Madeleine semble avoir terminé, elle la regarde de tous les côtés et semble contente. Mawani et Maria lui lancent un regard approbateur. Il n'y a donc que Stella qui n'a pas le droit de se voir ?

« Patience Demoiselle, c'est bientôt fini, sourit Mawani qui a perçu sa pointe de colère. À toi Maria. »

La jeune femme sort de la souche de l'arbre un paquet blanc qu'elle prend avec précaution. Elle le pose sur le matelas et le déplie. Ce sont visiblement des habits.

« Mets-toi debout, Princesse », invite Mawani en lui tendant les mains.

Stella s'exécute docile et curieuse. Maria lui tend d'abord une culotte style Tanga, avec de fines dentelles sur les hanches. Le sang afflue aux joues de Stella qui ne peut s'empêcher de rougir. Elle adore ces petits dessous qui sont discrètement féminins. Elle va pouvoir en porter maintenant ?! Que va dire sa mère ? Elle l'enfile et regarde son ventre et ses hanches : elle trouve leurs courbes gracieuses !

« C'est ta maman qui a choisi ces vêtements pour toi, Stella. » Surprenante cette Mawani, Stella a vraiment l'impression qu'elle lit dans ses pensées. Mais en même temps, elle est émue de sentir la présence et l'attention de sa mère. Evidemment, il n'y avait qu'elle qui pouvait connaître aussi bien les goûts de Stella. « Quoique, ce n'est pas si évident que ça ! », s'enorgueillit-elle silencieusement.

Maria lui enfile une robe en cotonnade blanche. La robe tient par deux fines bretelles, dégageant ses épaules ; elle dévoile sa gorge dans un gracieux décolleté ; elle est cintrée sur la poitrine et sur sa taille puis s'évase en plusieurs pans asymétriques, laissant apercevoir au gré des mouvements le galbe des cuisses qu'elle habille. Stella bouge un peu pour la sentir voler autour d'elle. Elle adore ça.

La jeune femme lui ajuste encore un petit cache-cœur blanc en tulle souple avec des manches mi-longues. Elle le noue gracieusement sous la poitrine.

Elle invite la jeune fille à s'asseoir et lui tend une petite boîte en bois peinte finement. Stella connaît bien cette boîte : combien de fois l'a-t-elle caressée des yeux et même des doigts quand elle la regardait dans la grande boîte à bijoux de sa maman. Une fois sa mère lui avait raconté : « Ma maman m'a offert cette boîte lorsque j'ai eu 13 ans. C'était *parce que je devenais jeune fille,* m'a-t'elle dit alors. Elle l'avait reçue de sa mère au même âge, pour la même raison. Elle ne fait que passer entre nos mains de femmes. Un jour, elle sera à toi. Puis tu la donneras à ta fille aînée. Si tu n'as pas de fille, tu la donneras à la fille de ta cousine Géraldine. Il en est ainsi. » Stella n'avait aucune idée de ce qu'elle contenait. C'est donc avec un cœur palpitant qu'elle l'entrouvre doucement, puis l'ouvre complètement. L'intérieur de la boîte est paré de velours grenat sur lequel reposent trois gouttes d'une pierre aux reflets bleus. Stella ne peut retenir des larmes. C'est tellement beau et tellement fin. « Elle contient un peu de la jeune fille que j'étais », avait dit sa mère une fois avec un grain de nostalgie.

« C'est de la Pierre de Lune, précise Mawani. Cette pierre est l'amie de la femme car elle veille sur sa fécondité, harmonise son cycle, facilite son accouchement et la stabilise lors de la ménopause ; elle veille également sur ses amours et sa sexualité ; elle affine ses capacités intuitives. Elles te seront précieuses. Au moment de la pleine Lune, tu peux les laver à l'eau courante pendant quelques minutes, puis les exposer à la lumière de la Lune tout en les recouvrant d'un morceau de soie blanche. Ainsi tu nourris le vivant en elles. » Stella n'ose pas les toucher.

« Veux-tu que je t'aide à en parer ta gorge et ton visage ? » murmure Maria. Stella la regarde étonnée, incrédule. Elle peut les porter ? Elle prend délicatement la plus grosse des gouttes qui est suspendue à une chainette en or. Elle la contemple et la tend à Maria. Celle-ci dispose le bijou sur sa gorge et l'attache. Le frais de la pierre surprend Stella. La goutte est si légère et pourtant, elle semble peser si lourd. Elle saisit du bout des doigts l'une des petites gouttes qui est une boucle d'oreille, la tend à Maria qui insère son attache dans l'orifice prévu à cet effet. Elle fait de même avec la suivante. Stella n'ose pas bouger. Elle se sent reine. Le moindre mouvement de sa tête se répercute aux oreilles, comme si les gouttes se mettaient à danser. Elle porte sa main à sa gorge et touche délicatement sa parure. Elle est toute intimidée.

« Ça va Stella ? On peut continuer ? » interroge en souriant Mawani.

« Continuer ? se demande Stella. Que peut-il y avoir encore ? »

Madeleine s'avance avec des petites boîtes en forme de cônes, des bâtonnets et d'autres ustensiles.

« Prête moi ton visage Stella, que je te maquille. »

Stella ne s'attendait pas à cela. Se faire maquiller par une femme ! Ce sont les stars à qui l'on fait cela ! Elle ferme les yeux et tend son minois vers Madeleine. Celle-ci met un peu de crème sur ses mains et en masse longuement le visage en respectant chaque courbe. Stella a l'impression d'être repassée avec soin, comme un tissu auquel on efface tous les plis. Madeleine prend une goutte d'une autre crème qu'elle étale délicatement sur les pommettes. Puis elle prend un bâtonnet, en plonge l'extrémité la plus fine dans une boîte en forme de cône. Elle demande à Stella d'ouvrir les yeux. Elle en souligne légèrement l'intérieur de l'œil droit. Avec un pinceau extrêmement fin, elle surligne le bord de la paupière, puis dessine quelques volutes sur la tempe. Elle répète les mêmes gestes pour l'autre œil, à la différence des volutes qui sont des points de différentes tailles. Elle peint les cils avec un mascara blanc puis noir et, pour finir, elle surligne légèrement ses sourcils. Madeleine prend de la distance pour contempler le visage. D'un doigt, elle efface quelques traces sur le bord de la joue. Elle semble satisfaite.

« Lève toi et ferme les yeux, Stella », lui demande-t-elle.

Stella obéit. Elle entend un léger cliquetis, une odeur suave parvient à ses narines : une saveur fruitée dessinant la rondeur de la pèche, un rien envoûtante, avec, au loin, la fraicheur d'une fleur exotique chatouille ses narines.

« Parfum *Fleur du désert.* »

Un doigt se dépose le long de sa nuque derrière son oreille droite, derrière l'oreille gauche, puis il descend sur sa gorge pour finir entre ses seins. Aussitôt la saveur d'un bouquet de fleur chatouille les narines. Instinctivement les quatre femmes l'inspirent suavement.

« Tu peux ouvrir les yeux », clament-elles en même temps.

Stella se tient face à une jeune fille qu'elle a du mal à reconnaître. Jeune fille toute de blanc vêtue, avec ses cheveux relevés sur la tête de façon gracieuse, laissant échapper de-ci de-là des mèches brunes qui soulignent la longueur de sa nuque et les traits de son visage. Une tresse fine part du sommet de son front, court sur le bord de son visage et termine sur sa gorge. La frange allégée laisse percer un regard franc et mystérieux dans lequel les éclats verts semblent autant d'étoiles. Trois perles de lumière étincellent.

Stella se contemple dans le miroir que tient Maria ; elle n'ose pas bouger de peur de faire partir le reflet. Elle porte la main à son visage. La jeune fille en face l'imite... C'est bien elle ! Stella lui sourit, elle reçoit en retour un sourire lumineux qui laisse apparaître une petite étoile coquine au creux de la joue. Elle tourne doucement la tête. Ce mouvement dévoile les volutes orientales qui ornent sa tempe droite ; elle la tourne de l'autre côté et admire la finesse des points qui dessinent une belle arabesque. Stella a envie d'embrasser ces trois femmes qui l'ont métamorphosée, mais elle n'ose pas. Est-ce que cela se fait quand on est jeune fille ?

Sarah, fille de sang royale

« Bonjour jeune fille. Quel est ton nom ? interroge Mawani. Tu sais que le nom est lié à notre personne. Lorsque l'on reçoit une initiation, nous changeons de peau et donc d'une partie de notre personne. Il est de tradition alors de changer de nom. Si tu le souhaites, tu peux le faire. Ce ne sera pas ton nom officiel, mais celui par lequel tu peux demander qu'on t'appelle. Le souhaites-tu ? »

Stella est prise au dépourvu. Elle en a envie car elle sent que Stella est vraiment en lien avec son passé. Pleins de noms se précipitent dans sa tête mais aucun ne lui convient, ce sont tout les noms de ses copines ! Alors elle fait le vide... mais c'est que c'est vraiment vide ! Tout d'un coup, un nom semble se détacher et se présenter devant ses oreilles : *Sarah*. Pourquoi *Sarah* ? Elle ne connaît aucune Sarah. Ce prénom lui rappelle juste une histoire que sa mère lui a lu quand elle était plus jeune : *Sarah changée en souris*[1].

« Sarah, mon nom est Sarah !

---

1. *Sarah changée en souris* de Horseman Elaine.

Bienvenue Sarah, bienvenue dans le monde des femmes. Sais-tu qui était Sarah ? »

Stella fait non de la tête. Ses boucles d'oreilles le confirment par leur mouvement qui surprend Stella (ou bien Sarah) et la fait sourire.

« Sarah, c'est la princesse, la reine en hébreu. Elle était l'épouse d'Abraham, qu'on appelle aussi le père du peuple juif. Sarah était d'une beauté extra-ordinaire. Si bien que le roi d'Égypte voulut la faire sienne. Elle ne pouvait refuser sans mettre en péril le peuple juif. Elle se rendit donc au palais du roi. Sarah avait une force intérieure telle que, déterminée à se respecter et donc à se faire respecter, elle posa en elle la notion d'être intouchable. La main du roi qui allait la toucher se pétrifia sur le champ. Alors terrorisé, il prit conscience de ce qu'il allait faire et renvoya Sarah, avec toutes ses excuses, vers Abraham.

Tu es belle Sarah ! Sache te respecter comme le fit cette femme. Allez, viens ! »

Mawani lui tend la main et se met à chanter un air printanier. Elle l'entraîne dans une danse tout autour de la grotte, Madeleine et Maria se joignent à elles. Les trois femmes unissent leurs chants et leurs danses. Au loin, on entend les percussions qui s'éveillent lentement. La farandole joyeuse monte les marches et s'enfonce dans le corridor en tissus ; elle débouche dans la yourte où elle est acclamée par des cris de joie. La farandole s'arrête alors.

« Je vous présente Sarah, déclare Mawani

– Bienvenue Sarah, bienvenue dans le cercle des femmes », répondent les femmes en chœur.

Les acclamations redoublent.

« À toi de mener la danse Sarah », dit Mawani en lâchant sa main.

La jeune fille se lance, encouragée par les chants et par Maria qui est juste derrière elle. Une longue farandole joyeuse unissant toutes les femmes prend vie dans la yourte, où tout semble devenir mouvement, entraîné dans une spirale sans fin qui se fait et se défait. Une main lui fait lâcher celle de Maria. Sarah se retrouve propulsée au centre du cercle. Toutes les femmes tapent dans leurs mains en rythme, elles dansent, rient, sourient, poussent des cris aigus, encourageant Sarah qui se laisse emporter par l'esprit de la danse. Son corps souple et fluide tournoie, se ploie et se déploie, il ricoche comme une onde sur les bords de l'instant, embrasant au passage les visages rayonnant des femmes, d'un coup de plume, elle dépose dans leur cœur un parfum de jeunesse. Des larmes perlent entre rire et regret, chantant discrètement le collier de la vie. Le rythme ralentit, les voix se font plus douces, le mouvement s'apaise pour s'immobiliser en silence dans un cercle parfait. Mawani prend Sarah par la main et ferme le cercle. Elle baisse ses paupières en silence. Tout le monde fait de même. Sarah sent la force de ces mains dans les siennes, mais elle sent également la présence de toutes ces femmes. Son corps est heureux, elle n'a jamais ressenti cette magie dans la danse, elle n'a jamais osé donner ainsi son corps à la danse. Son cœur bat au rythme de la vie en elle ; elle a l'impression d'entendre battre le cœur de toutes les femmes à l'unisson avec le sien. Elle a l'impression de sentir ce battement sous ses pieds comme si la Terre avait un cœur. Elle sent que, par la Terre, elle est reliée à toutes ces femmes ainsi qu'à toutes les femmes du monde. Elle sent que, derrière elle, il y a également toutes les femmes de sa lignée, comme derrière chaque femme. Quelle force !

« Je vous invite chacune à sortir du cercle des veilleuses afin d'éteindre la vôtre. »

Sarah n'avait pas remarqué que tous les nénuphars étaient encore allumés et disposés tout autour de la yourte. Elle retrouve le sien et attend de voir comment font les autres femmes. Chacune prend sa fleur, la contemple comme si elle se baignait dans la lumière avant de l'éteindre d'un geste précis. Sarah se joint à elles.

Le silence habite la yourte. Le cri d'une chouette hulotte appelle au loin ; son compagnon lui répond. Un rossignol chante. Sarah réalise que la vie continue à l'extérieur de la yourte. Quelle heure peut-il bien être ?

Pèlerin de ta vie

« Voilà Sarah, le temps est venu de nous séparer. Avant que tu ne quittes ce lieu, je vais éveiller tes sens avec cette huile parfumée et sacrée. »

Mawani s'approche d'elle en tenant un pinceau et un petit flacon. Elle trempe le pinceau et fait un signe sur le front de Sarah. La jeune femme a l'impression qu'une aile de fée se dépose au centre de son front, répandant autour d'elle un parfum de musc :

« Que par ton troisième œil tu affines ta perception de l'imperceptible ».

Puis elle fait un signe sur chacun de ses yeux : « Que ton regard te permette de voir de façon juste ».

Elle fait un signe sur le nez : « Que ton nez perçoive la subtilité des odeurs ».

Elle fait un signe sur ses oreilles : « Que tes oreilles entendent ce qui vient de l'intérieur comme ce qui vient de l'extérieur ».

Elle fait un signe sur les lèvres : « Que par ta bouche tu cultives la finesse de toutes les saveurs ».

Elle fait un signe sur la paume de ses mains : « Que tes mains soient toujours fièrent de ce qu'elles font ».

Elle fait un signe sur son cœur : « Que par ton cœur tu t'aimes et te respectes ainsi que tout ce qui est vivant.

Tes sens te permettent d'entrer en relation avec les mondes qui t'entourent : celui que tu vois, comme ceux que tu ne vois pas. Ils informent en toi la femme sauvage qui te souffle alors les mots justes, les actions justes. C'est elle qui te guide dans le respect du Principe de Vie. À toi d'apprendre à l'écouter. »

C'est bien vague, tout cela, pour Stella. Mais bon, elle entend que c'est important. Alors elle loge cela quelque part dans un tiroir avec toutes les informations qu'elle stocke en se disant qu'elle comprendra plus tard. Et puis, elle reconnait qu'elle commence à en avoir plein la tête et n'a plus le courage de chercher à comprendre.

« Tu vas rejoindre le monde, Sarah, et repartir dans la vie, continue Mawani. Afin que tu puisses poursuivre ton chemin, nous t'offrons ces sandales. Elles faciliteront ta marche. »

Mawani prend une paire de spartiates en cuir naturel. Elle s'agenouille devant la jeune fille, lui prend un pied, le soulève, le masse et le chausse. Elle lace la sandale sur sa cheville. Puis elle prend l'autre pied, et fait de même avant de se redresser.

« Va, ma fille, sois le pèlerin de ta vie, reste dans le mouvement, car il est la vie. Danse ta vie, ma fille, et reviens quand tu veux dans le cercle des femmes. Je te donne ma cape pour te protéger. » Mawani déplie une cape blanche et en entoure les épaules de la jeune fille. Sarah se sent immédiatement en sécurité sous cette toile souple et chaude.

« C'est ma cape de Femme Lune. Lorsque tes Lunes s'arrêteront, je t'invite à donner ainsi cette cape à une jeune fille, comme toi, qui rentre dans ses Lunes. Belle vie à toi, Dame Lune ! »

Elle serre Sarah dans ses bras, longuement. Sarah se remplit de son souffle, de sa chaleur, de sa force. Les bras lâchent leur étreinte. Mawani, saisissant fermement les bras de la jeune fille dans ses mains plonge son regard dans le sien. Sarah se sent reconnue, belle et forte ; elle se sent profondément aimée comme elle est. Puis elle se retourne : les bras de Madeleine l'attendent ; puis ceux de Maria. Les autres femmes se remettent à chanter et à jouer des tambours et tambourins qui semblent saluer Sarah et la porter vers la vie.

Mawani soulève la toile de la porte. L'air frais s'engouffre dans la yourte. Sarah passe la porte. Elle a l'impression que cela fait une éternité qu'elle l'a franchie dans l'autre sens. Les premières lueurs du jour teintent le ciel. La campagne immobile accueille la naissance d'un jour nouveau. Le rossignol chante fidèlement.

Sarah se sent toute neuve. Elle a l'impression de découvrir la nature autour d'elle. Elle s'arrête le temps de regarder le soleil se lever. Elle perçoit la présence de Mawani légèrement en retrait. Elles semblent seules sur le toit du monde à regarder le soleil se lever sur le premier matin de Sarah.

Une fois l'astre envolé, Sarah fait un premier pas sur le chemin. Ce premier pas lui rappelle celui qu'elle a fait dans l'étoile. La voix de Mawani résonne encore à son oreille : *quoiqu'il se passe, regarde devant toi et ne te retourne pas.* « Pourquoi ne faut-il pas se retourner ? questionne la jeune fille sans regarder Mawani.

– Le passé appartient au passé. Sa place est derrière toi. Tes cellules en gardent la mémoire. En te retournant tu arrêtes ta marche en avant ou, si tu continues d'avancer, tu ne regardes pas où tu mets les pieds au risque de butter. Regarder en arrière empêche d'avancer ; or la vie va de l'avant. »

Sarah accueille ces paroles sans savoir si elle les comprend vraiment. Elle regarde devant elle : cette fois-ci, elle est seule à faire ce premier pas, personne ne l'accompagne et pourtant elle ne se sent pas seule. Il y a tant de femmes dans son cœur ! Elle dévale le chemin en courant, sans se retourner, en sentant sa petite fille intérieure rigoler dans son cœur avec ses papillons et la louve galoper à ses côtés.

• • •

Bibliographie

La sexualité des femmes racontée aux jeunes et aux moins jeunes de Rina Nissim aux éditions Mamamélis (2004)

La tente rouge de Anita Diamant aux éditions Aubin imprimeur (1995)

Cœur cousu de Carole Martinez aux éditions Brochè (2009)

La Femme solaire de Paule Salomon aux éditons Albin Michel (2001)

Les mythes du Féminin de Marie-Pascale Rémy aux éditions du Levain (2009)

Femmes qui se réinventent de Monique Grande aux éditions du Souffle d'Or (2006)

Femmes qui courent avec les loups de Clarissa Pinkola Estes aux éditions Poche (2001)

Du même auteur :

J'accouche bientôt et j'ai peur de la douleur aux éditions Le Souffle d'Or (2008)

Se préparer en couple à l'accouchement aux éditions Le Souffle d'Or (2010)

Quelques sites pour se renseigner

- sur les couches lavables :

  www.mamanature.ca

  www.dimensionindigo.com

- sur les Diva cup :

  www.divacup.com

  www.laboutiqueecologie.com

  mamanpourlavie.com/forum

Sommaire

Les éditeurs « écolo-compatibles » s'engagent !

Afin d'indiquer aux lecteurs que leur production éditoriale respecte une série de critères environnementaux, les éditeurs écolo-compatibles s'engagent par une charte.

Il n'existe en effet à ce jour aucun label « bio » ou « écolo » concernant l'édition papier des livres ou des revues. Se retrouvent donc côte à côte en librairie, sans aucun signe distinctif, des livres pourtant très différents : certains ont été imprimés à plusieurs milliers de kilomètres sur des papiers issus de la destruction de forêts primaires ; d'autres, au contraire, ont fait l'objet à toutes les étapes de leur vie d'une grande attention portée à leur impact sur l'environnement.

En tant que membres du collectif des éditeurs écolo-compatibles, nous nous engageons :

1. à imprimer au moins 80 % de notre production éditoriale sur des papiers recyclés, ou certifiés issus de forêts gérées durablement ;

2. à imprimer au moins 80 % de notre production éditoriale à moins de 800 km de notre principal lieu de stockage ;

3. à valoriser plutôt que pilonner les ouvrages en fin de vie ; si la destruction est nécessaire, celle-ci sera réalisée dans une filière assurant un recyclage intégral ;

4. à partager leurs expériences de bonnes pratiques environnementales.

Premiers éditeurs signataires de cette charte :

La Plage, Rue de l'Échiquier, La Salamandre, Plume de Carotte, Petite Plume de Carotte, Yves Michel, Le Souffle d'Or, Rossolis, Pour Penser à l'endroit

www.leseec.org

Du même auteur

J'accouche bientôt et j'ai peur de la douleur

Préface du Dr Michel Odent

Depuis la nuit des temps, les femmes mettent au monde leur petit d'Homme. Ce moment est bien souvent vécu comme une épreuve douloureuse. Pourquoi ? Quelle est cette douleur ? Est-elle utile ? Faut-il aller à sa rencontre ou la fuir ? Pourquoi est-elle si souvent vécue comme une souffrance ?

Pour l'auteur, la douleur est comme une main tendue dans la tempête. Elle guide la femme, pour ne pas qu'elle se blesse, l'amenant à être passage de l'enfant qui a grandi en son sein. L'analgésie péridurale est-elle la solution ? En connaissons-nous les conséquences ?

Ce livre allie une approche scientifique de la naissance, accessible à tous, à une réflexion sur la douleur en général et la douleur de l'enfantement en particulier. Il apporte une compréhension globale de l'enfantement très novatrice, aux antipodes de l'hyper médicalisation actuelle. Les parents trouveront ici des outils très concrets pour vivre ce moment, donner du sens à l'accouchement et à cette douleur, en faire un tremplin vers soi-même.

Fruit de ses 26 années d'accompagnement des pères et des mères dans la naissance de leur enfant, l'auteur nous livre également de nombreux témoignages, où les femmes se montrent grandies par ce passage.

Du même auteur

Se préparer en couple à l'accouchement

Actuellement, le père est aux premières loges de la grossesse et de l'accouchement de sa compagne. Quels outils a-t-il pour la comprendre, l'accompagner et la soutenir dans ce passage spécifiquement féminin ?

C'est ce que Maïtie Trélaün propose dans cet ouvrage, une boîte pleine d'outils à l'attention du père et de la mère, pour comprendre le mystère de l'accouchement (dans sa mécanique et dans ses différentes phases) ; aller à la rencontre de ses peurs, que l'on soit père ou mère ; aborder un travail corporel en couple afin que le père intègre des notions de soutien, d'accompagnement, de massage et que la mère apprenne à s'en remettre à ce qui se passe dans son corps tout en allant vers le but qu'elle s'est fixé ; et surtout pour que le couple ait des repères dans le déroulement de l'accouchement qui lui sont propres afin de définir le moment le plus opportun pour partir à la maternité.

L'auteur aborde enfin le projet naissance : définir les besoins spécifiques de chacun, les ramener à un possible (en fonction des différents actes proposés en maternité) et se préparer à traverser une réalité en ouvrant un dialogue avec l'équipe médicale.

Un livre concret pour que les futurs parents puissent prendre confiance en leur savoir instinctif et se positionner en tant qu'acteurs au moment de l'accouchement.

De belles photos noir et blanc.

Nirmala Gustave

BéBé Lumière®

Désir d'enfant ? Enceinte ? Envie d'accueillir en conscience cette étape de la vie ?

Stressée ? Peur de ne pas y arriver ? Affolée par votre corps qui se transforme ? Tout n'est pas comme vous l'imaginiez ? Envie de communiquer au sein de votre couple et avec le bébé ? Envie de connaître les transformations du corps de la maman et du bébé ? Après bébé, envie de trouver vos repères dans votre nouveau corps ? Envie d'apprendre à vous relaxer ?

Relaxologue, Nirmala Gustave, vous invite et aussi le futur père, à entrer dans la Joie et le Plaisir des relaxations guidées BéBé Lumière® ... afin d'accueillir tout ce que suscite ce moment de vie, le positiver et l'accompagner en douceur.

Dès le désir d'enfant, quelle que soit l'étape de votre grossesse et après l'accouchement, relaxez-vous en lisant ou écoutant le CD de 11 relaxations de 30 minutes mois par mois, adaptées à la période que vous vivez.

Un cadeau à vous offrir ou à offrir autour de vous : ce livre et ce CD seront un souvenir de ce moment précieux que vous vivez dans lequel vous pouvez noter vos ressentis, vos plus belles émotions.

Nirmala Gustave est relaxologue et sophrologue, enseignante de Reiki, praticienne en Santé Humaniste et Périnatalité AMA -Altérité Maternelle Appliquée.

Martine De Nardi
La Gymnastique Sensorielle Périnatale
Entretien avec Nathalie Calmé

Vous rêvez de communiquer avec votre bébé ? Vous souhaitez percevoir de façon concrète et palpable sa force de croissance ? Vous désirez prendre une part active dans la grossesse, lors de l'accouchement et après celui-ci ? Cet ouvrage vous propose de découvrir une relation intime et profonde avec votre bébé à partir d'un rapport sensible à votre corps. Il vous invite, à partir d'exercices simples, à vous adapter aux changements physiques et psychologiques présents et à venir, et à vous préparer à l'intensité de l'effort de l'accouchement.

A partir de son expérience auprès des femmes enceintes, des papas et des bébés depuis 20 ans, Martine De Nardi vous propose de découvrir cette gym douce et dynamique qui développe vos facultés corporelles naturelles et vos ressources internes : vos perceptions, votre empathie, votre mouvement, votre capacité d'action…

Martine De Nardi est praticien chercheur sur la « relation materno-fœtale », elle est également formatrice en fasciathérapie et en somato-psychopédagogie, kinésithérapeute et infirmière.

Nathalie Calmé, écrivaine et journaliste, a publié plusieurs ouvrages autour de l'écologie, de la psychologie, de la médecine et du dialogue des cultures.

Collection : Naître et Grandir

louisjean
IMPRIMEUR

59, Av. Émile Didier
05003 Gap Cedex
Tél. 04 92 53 17 00

Dépôt légal : 123
Mai 2011
Imprimé en France

IMPRIM'VERT
2011

Toutes les encres et les vernis utilisés sont certifiés d'origine végétale.
Les eaux de mouillage des machines, les plaques, les produits
de développement et les chutes de papier sont recyclés.

Imprimerie certifiée IMPRIM'VERT.